T0146755

Sammlung Metzler
Band 254

Sibylle Späth

Rolf Dieter Brinkmann

J.B. Metzlersche Verlagsbuchhandlung
Stuttgart

CIP-Titelaufnahme der Deutschen Bibliothek

Späth, Sibylle:
Rolf Dieter Brinkmann / Sibylle Späth.
– Stuttgart : Metzler, 1989
(Sammlung Metzler ; Bd. 254)
ISBN 978-3-476-10254-6
NE: GT

SM 254

ISBN 978-3-476-10254-6
ISBN 978-3-476-03956-9 (eBook)
DOI 10.1007/978-3-476-03956-9

© 1989 Springer-Verlag GmbH Deutschland
Ursprünglich erschienen bei J.B. Metzlersche Verlagsbuchhandlung
und Carl Ernst Poeschel Verlag GmbH in Stuttgart 1989

Inhaltsverzeichnis

Talking about my generation II.

Einleitung

Rolf Dieter Brinkmann ist mit seinem literarischen Werk zeitlebens, nicht nur in der produktiven Endphase seines Schaffens, ein Unzeitgemäßer geblieben. Das Unverständnis wie die vernichtende Ablehnung, die sein Werk von der tonangebenden zeitgenössischen Kritik erfahren hat, zeigt sich dem heutigen Leser als Befangenheit der Zeitgenossen in den literarischen, wissenschaftstheoretischen und gesellschaftspolitischen Paradigmen ihrer Zeit. Was sich in Brinkmanns Werk zum Zeitpunkt seiner Erstveröffentlichung gegen die Zeit stellte, macht seine heutige Aktualität aus. Die begonnene Veröffentlichung des Nachlasses wie die Neuauflage seiner Schriften zeigen ein Werk von frappierender Aktualität und politischer Brisanz, in dem der 1975 gestorbene Autor mit intuitiver Präzision das postmoderne Selbstverständnis der achtziger Jahre vorweggenommen hat. Aufklärungskritik im Sinne der »Dialektik der Aufklärung« als Kritik eines optimistischen Geschichtsbegriffs, Kritik des modernen Naturverständnisses und der Konstruktion von Subjektivität betrieb Brinkmann zu einem Zeitpunkt als die Forderung nach einer Literatur der Parteilichkeit im Dienste eines gesellschaftlichen Revolutionsprozesses die literarische Szene beherrschte. Martin Walser war 1970 der erste, der gegenüber dem Außenseiter des Literaturbetriebs einen Faschismusverdacht äußerte. Politisches »Desengagement«, »reine[.] Innerlichkeit«, »Narzißmus«, »Böse bis zum Selbstgenuß« (Neueste Stimmung, S. 20, 26, 31, 25) hießen die Schlagworte dieser politischen Kritik, deren Wertmaßstäbe nur noch eine Literatur gelten ließ, die sich vorbehaltlos in den Dienst politischer Praxis stellte. Mit Handke und Heißenbüttel fielen Brinkmanns Schriften unter Walsers Verdikt, »Bewußtseinspräparate 'für die neueste Form des Faschismus« (Neueste Stimmung, S. 36) zu liefern. In seiner langjährigen Kontroverse mit dem Schriftstellerkollegen Hermann Peter Piwitt, die Brinkmann in *Rom, Blicke* dokumentiert hat, werden die gegensätzlichen Positionen noch einmal manifest: »Sieh mal, natürlich könnten wir das mal durchspielen: Ich mach den Marxisten, Du machst den, der glaubt, wissenschaftliche Erkenntnisse, medizinische, biologische, anthropologische, seien nicht von den jeweiligen ökono-

1

mischen Verhältnissen konditioniert.« (R, B, S. 161) Dem vorgeb-
lichen Marxisten werden die Themen der Texte Brinkmanns zum
»gesellschaftlichen Eskapismus«, (R, B, S. 265), deren Verfehlung in
der »Reise« »nach innen« (R, B, S. 259) liegen sollte. In seiner
Spiegel-Rezension von *Rom, Blicke* vernichtet ausgerechnet der politische Kontrahent den ehemaligen Kollegen postum ein letztes
Mal, wenn er mit dem alten Argument aufwartet, Brinkmann ver-
falle »in die wahnsinnigste und verkommenste Ideologie vom
›Großen Einzelnen‹«. (Rauschhafte Augenblicke, S. 252) Es ist vor
allen Dingen Brinkmanns Nietzsche Rezeption, die nun den alten
Faschismusvorwurf wieder aufleben läßt, wenn Piwitt Brinkmann
als »D'Annunzio aus Vechta / Oldenburg« diffamiert. Eine Revi-
sion seiner Position gelingt Piwitt erst mit seiner eigenen Autobiographie aus dem Jahre 1983, mit der er aus der historischen Distanz
versucht, dem alten ideologischen Feind gerecht zu werden: »Ist die
Gesellschaft schizophren, dann sind die regelmäßigen Revolten der
Jugend ihre Schübe. Am Wege, oft auf der Strecke bleibt dabei eine
Literatur, die sich selbst treu zu bleiben versucht. Angewiesen auf
den machtgeschützten Raum bürgerlicher Öffentlichkeit, bleibt sie
dieser fremd, weil sie sich nicht mit den Abweichungen zufrieden
gibt auf dem Terrain, wo sie gestattet, ja um des Pluralismus willen,
erwünscht sind: Sexualität, Frauenemanzipation, Religion, Rand-
gruppen, Drogen.

Bei ihr wird Macht des Gefühls nicht froh, dem Geist zu gewäh-
ren, riskant zu sein. Hier liegt der Unterschied zwischen einem
Faßbinder, der immer nur ein Bohemien war innerhalb der libera-
len Spiel-Räume, und dem Brinkmann von ›Westwärts 1&2‹. Brinkmanns Verweigerung ist total wie seine handwerkliche Besessenheit
auf das Gedicht als einer in sich geschlossenen, selbständigen ganz
anderen Welt für sich. Sie ist nicht leicht zu verstehen. Aber versteht
man sie einmal, kann man nur machen, wovon des lebenstüchtigen
Rilke ›Archaischer Torso Apoll‹ bloß schwätzt: sein Leben än-
dern.«(Deutschland, S. 143f)

Als Brinkmann 1975 starb hatte er sich mit allen früheren Freunden und Kollegen schon lange hoffnungslos zerstritten. Darin mag
einer der Gründe zu suchen sein, warum außer Nicolas Born und
Dieter Wellershoff keiner der ehemaligen Freunde öffentlich auf
seinen Tod reagierte. Erst anläßlich seines zehnten Todestages ent-
schloß sich Jürgen Theobaldy, der Zeuge seines Unfalltods, zu einer
späten Würdigung von Werk und Person: »Ich glaube, Brinkmann
hat an einem Welt- und Bewußtseinszustand gelitten, der weder im
Gespräch noch in den lyrischen Gags der ›Piloten‹ auszudrücken
war. Der unauflösbare Widerspruch, daß man keine literarischen

Formen zertrümmern kann, ohne dabei neue zu schaffen, peinigte ihn körperlich. Wie er den Staat als ›ein sprachliches Gebilde‹ verstand, das er samt Sprache ablehnte, so spürte er den ›Drang, tobsüchtig zu werden bei einem Mittagessen in einer Familie‹. Er suchte nach neuen Konzepten und gab sich mit keinem Angebot zufrieden, weder mit engagierter noch mit konkreter Poesie: beides war für ihn bloß ›Literatur‹.« (Bevor die Musik vorbei ist, S. 19)

Schwieriges Erbe.
Lyrik zwischen Tradition und Innovation.
Gedichte 1962 – 1967

»Ihr nennt es Sprache«

Als Rolf Dieter Brinkmann am Ende des Jahres 1962 seinen ersten
Gedichtband bei Klaus Willbrand in Leverkusen in einer Auflage
von fünfhundert Exemplaren drucken läßt, ist er gerade in die
rheinische Großstadt Köln übergesiedelt, mit der ihn eine immer
wieder beschworene Haßliebe verbinden sollte. Gleich im Ein-
gangsgedicht, seinem ersten Beitrag zur modernen Großstadtlyrik,
beschreibt er unter dem Titel *Beton* (St, S. 11) die inhumane, alles
Leben erstickende Atmosphäre seiner neuen Lebenswelt: »Beton
die Herzkammern / davon angefüllt der / Schlaf in lichtlosen /
Räumen woher / kein Kindergeschrei / kommt für immer / einge-
mauert [...] Beton die hohen / Räume Dome / hochhinauf im
Inneren / schalldicht «. Seine erste Lyrikpublikation und die Umsiedlung in die westdeutsche Großstadt fallen nicht zufällig zusammen, vielmehr bezeichnet das biographische Datum des Ortswech-
sels zugleich auch den Beginn seiner Schriftstellerexistenz. Hinter
ihm liegen eine Kindheit im repressiven katholischen Klima der
Adenauer-Ära in der norddeutschen Provinz, die Konflikte des ei-
genwilligen Kindes und Jugendlichen mit dem Elternhaus, der
Schule und dem engen Kleinstadtmilieu, der Schulabbruch, und
zuletzt der versöhnende Kompromiß mit dem Elternhaus in der bis
zum Abschluß gebrachten Buchhändlerlehre in Essen. So ist es
nicht verwunderlich, daß die unter dem Titel *Ihr nennt es Sprache*
versammelten Gedichte dem Autor zunächst einmal zu einer radikalen Abrechnung mit den Zwangssystemen seiner Kindheit und
Jugend unter der Perspektive einer neuen Standortbestimmung und
Selbstdefinition geraten. Thematisch nehmen fast alle Gedichte des
Bandes auf mehr oder weniger vermittelte Weise das historische
Datum des Zweiten Weltkriegs zum Anlaß, um entweder auf einer
autobiographischen Ebene die Kriegserfahrung aus den Augen des
in den Krieg hineingeborenen Kindes zu schildern oder die Nachkriegszeit unter dem Aspekt einer mißlungenen Vergangenheitsbe-
wältigung der Deutschen im Spiegel ihrer Sprache darzustellen.
Diese Arbeit an der unmittelbaren Vergangenheit wird zur Grund-

lage eines radikalen Zukunftspessimismus und der Verweigerung des Einverständnisses mit diesem jungen deutschen Staat.

Brinkmann hat seinen ersten Gedichtband dem »roten Rühmkorf« gewidmet. Diese Verbeugung vor dem älteren Schriftstellerkollegen ist in mehrfacher Hinsicht als programmatische Parteigängerschaft zu verstehen. Mit Rühmkorf verbindet den noch unbekannten Autor nicht nur das gemeinsame literarische Vorbild Gottfried Benn, sondern vor allen Dingen ein Geschichtsverständnis und Gegenwartsbewußtsein, das quersteht zu der gängigen Epochenkonstruktion vom Neubeginn nach 1945, der in dem Schlagwort von der »Stunde Null« allgemeine Verbreitung fand. *Zwischen den Kriegen* hieß Rühmkorfs zusammen mit Werner Riegel herausgegebene Zeitschrift der Jahre 1951–1956, mit deren Titel ihre Autoren Geschichtsverdrängung und blinden Fortschrittsglauben kritisierten. Wer wie Rühmkorf den Faden der Geschichte nicht vor 1945 kappte, der gehörte in diesen Jahren zu jenen Geschichtspessimisten, deren Bekenntnis zum Nihilismus und zum Existenzialismus Sartres eine Form des politischen Widerstands bot. Brinkmann fand in diesem »Finismus apokalyptischer [...] Observanz« (Rühmkorf, S. 53) eine Bestätigung für seine eigene Geschichtskonstruktion des permanenten Kriegsschauplatzes Gegenwart, die von den ersten lyrischen Versuchen bis zu den späten Prosaarbeiten sein gesamtes Werk durchzieht.

In den Gedichten *Kleines Lied für Unbegrabene, Epistel für meine Füße* und *Das Sein* entwirft Brinkmann in Anlehnung an die barocke Literatursprache und aus Versatzstücken der christlichen Symbolik ein apokalyptisches Endzeitbewußtsein, das er zynisch gegen den Fortschrittsoptimismus seiner Zeitgenossen wendet. Die apokalyptische Offenbarung des Neuen Testaments und die barocke Zeitklage werden in diesen Gedichten zu einem großen Tableau einer vom Chaos bedrohten Gegenwart ineinandergearbeitet. Das *Kleine Lied für Unbegrabene* (St, S. 20) zitiert Andreas Gryphius' Transkription des Matthäus-Evangeliums *Auf den Sonntag des Himmlischen Bräutigams / oder XXVII. und letzten nach dem Feste der H. Dreyfaltigkeit.* Ähnlich dem barocken Sonett beginnt Brinkmanns Gedicht mit der Anrufung »Rückt an / rückt an/ ihr Himmelsbräute«, und mahnt sie ihre Aufgabe zu erfüllen: »so / öffnet uns das Paradies führt / uns das Licht hinab«. Verkleidet in den religiösen Topos wünscht Brinkmann hier zynisch das Ende der Geschichte herbei. Den Grund für diese Untergangssehnsucht gibt er mit dem von der menschlichen Geschichte hervorgerufenen chaotischen Weltzustand an: »wir sind schon ganz vertan die Zeit / war um das groß/ Geläute nach / dem Sturm / verkam«. Deutet

5

dieser Teil auf die Ursache des Wunsches nach Beendigung der Geschichte hin, wie ihn auch noch einmal der Schluß des Gedichts mit dem Satz »denn Leben hier / war ganz schön / mies: wir setzten / auf das / Grab« bestätigt, so montiert der Mittelteil des Gedichts Fragmente der biblischen Geschichte zusammen, um in ihrer blasphemischen Verkehrung das Bild einer neuzeitlichen, säkularisierten Apokalypse zu zeichnen. So sind in Brinkmanns Neuschöpfung des biblischen Mythos Gottes Wunder, die er zur Rettung der Menschheit wirkt, fehlgeschlagen: »des Moses Stab / vergrünt am Baum«, die »geilen Widder« dominieren die Szene, indem sie den »reinen Jungfrauen« des »himmlischen Bräutigams« Gewalt antun. Die christliche Heilsgeschichte wird hier, ihrer rettenden Dimension beraubt, in ihr direktes Gegenteil verkehrt, so daß die rückläufige Geschichte sich einem chaotischen Urzustand annähert. In einer solchen Welt scheint auch jede Hoffnung für die Lebenden erschöpft: »Genug / gelobt und abgesungen / unser Lebenslied«. Wie Gryphius in seinen *Kirchhofs-Gedancken,* mit denen er seinen Zeitgenossen die vanitas der menschlichen Existenz durch die plastische Schilderung des Verfallsprozesses des menschlichen Körpers vor Augen hielt, versucht Brinkmann die Negativität moderner Lebenserfahrung zu fassen: »ein wenig Staub / ein wenig Wurm / kriecht aus erschlafftem Glied«. In diesen Gedichten wird Individualgeschichte zur Verdopplung und subjektiven Vorwegnahme einer sich ihrem Ende nähernden Menschheitsgeschichte. Welt- und Individualgeschichte werden gleichermaßen als ein kontinuierlicher, unaufhaltsamer Destruktionsprozeß konstruiert. Beide sind Ausdruck ein und derselben Leidensgeschichte, die auf das Ende, den Tod hin ausgerichtet ist. So konstruiert Brinkmann eine Lebensgeschichte des Leidens, die ihren Ausgangspunkt in der schmerzhaften Geburt nimmt, »herausgeeitert aus dem Schoß«, und über die »Zeugenschaft lauterer Verzweiflung« bis an ihr sinnloses Ende führt: »in den Staub getreten bevor / die Augen die Fülle erbrachen«. Vorbilder für diese Geschichtskonstruktion fand Brinkmann bei Gottfried Benn und Friedrich Nietzsche. So hatte Benn im *Lebensweg eines Intellektuellen* den Menschen des zwanzigsten Jahrhunderts als »Quartärtyp« gekennzeichnet, dessen Entwicklung sich auf sein Ende hin bewegt: »Hinab, hinab, weiter, weiter, aber wohin? [...] Also weiter, weiter – Völker, Rassen, Erdzeitalter – Stein-, Farren-, und Tiergeruch«. (Werke. Bd. 8, S. 1933) Ebenso wie bei seinem Vorbild Benn schrumpft in den frühen Gedichten Brinkmanns Individualgeschichte und vor allem erlebte Zeitgeschichte auf dem Hintergrund von Erdzeitaltern zu einer sinnlosen Bewegung blinder Handlungsabläufe zusammen.

Der Mensch tritt als Gattungswesen in den Blick, als mangelhaft ausgebildetes, höherentwickeltes Tier: »schweinsköpfig ein Gerechter« (St. 16), heißt es in einer Anspielung auf Benns *Morgue*-Gedichte bei Brinkmann. Das letzte, diesem Themenkreis angehörende Gedicht versucht die selbstzerstörerische Tendenz der Geschichte durch die Stilisierung des Schreibenden in der Dichterrolle zu überwinden. So setzt die *Epistel über meine Füße* (St, S. 22f) noch einmal bei der assoziativ zusammengetragenen Lebensgeschichte des Autors an. Im fiktionalen Raum des Gedichts nimmt der Schreibende zwei unterschiedliche Rollen des gesellschaftlichen Außenseiters, des christusgleichen Märtyrers und des Kriegskrüppels, an. In Anlehnung an das Evangelium des Neuen Testaments konstruiert Brinkmann seine Lebensgeschichte als exemplarische Leidensgeschichte:« leuchtend im Schmerz / heilig genannt« (St, S. 23). Daneben deutet die zweite Außenseiterrolle auf eine Beschädigung hin, die der Schreiber durch die reale Geschichte, d.h. den Zweiten Weltkrieg erfahren hat. Durch die Identifikation mit den Opfern des Kriegs, die zum Bild der alltäglichen Umwelt des Heranwachsenden in den fünfziger Jahren gehörte, stellt er sich als psychisch Verstümmelter mit allen körperlich Stigmatisierten auf eine Ebene. Auch noch dreizehn Jahre später erinnert sich Brinkmann an dieses prägende Bild seiner frühen Kindheit: »Und noch einmal ein in die wüste Empfindungsgegend früher Kindheit hinausgeschleuderter imaginärer Eindruck, eine Variante zu den Stummelbeinigen unter der Sommerhitze am Rand der Tonkuhle mit dem Russen im schwarzen Trikot und dem grünen Wasser – die Erzählung eines Finanzangestellten, der rötliche Haare hatte und Söhl hieß, mit einem Bein. – Das wurde ihm weggerissen, plötzlich war einfach kein Bein mehr da, und rund herum Lärm, platzendes Metall, zerwühlte Erde, und ein blutender Beinstumpf, aus dem es unaufhörlich rot herauslief. –« (R, B, S. 92) Mit diesen jüngsten Opfern der eigenen Geschichte variiert Brinkmann ein literarisches Muster der Selbstdefinition des Dichters als Stigmatisiertem, wie es zuletzt Benn am Beispiel von Kleist, Nietzsche und Christus komprimiert in der Formel »Machnow, Golgatha, Naumburg« (Werke. Bd. 8, S. 1884) vorgenommen hatte.

Den Opfern des Krieges stehen die Täter als Akteure der Geschichte im Zerrbild des Narren gegenüber. Brinkmann wählt hier wie vor ihm Benn das Narrenmotiv, um seine Erfahrung mit dem jungen deutschen Staat zu beschreiben: »Den Darm mit Rotz genährt, das Hirn mit Lügen – / erwählte Völker Narren eines Clowns« (Werke. Bd. 1, S. 226), leitet Benn 1943 seine Abrechnung mit dem Hitlerdeutschland ein. »Die Klapper des Narren / sie dreht sich unermüdlich« (St, S. 28), beginnt Brinkmanns gleichnamiges Gedicht, das nicht von ungefähr über diese literarische Bezugnahme auf bestehende Traditionszusammenhänge der deutschen Geschichte verweist. Der Narr, frühneuzeitliches Sinnbild des Wahnsinns und der Vernunftlosigkeit, führt hier die Gesellschaft an. Dem demagogischen Rhythmus seiner Klapper folgen die Zeitgenossen, um selbst Narren geworden, wie im Rausch jede seiner irrationalen Bewegungen nachzuahmen: »Die Klapper des Narren / sie dreht sich unermüdlich / [. . .] sie dreht sich nach dem Wind / wir wenden uns mit die / Klapper des Narren die drehen / wir ohne Unterlaß«. Rhythmus, Lied und Tanz sind die nonverbalen, vorrationalen Medien, mit denen der Narr seine suggestive Macht über die Massen gewinnt. Im Narrentypus und seinen Attributen beschreibt Brinkmann die Politik der Adenauer-Ära mit ihren theatralischen Elementen, die über die machtvolle Demonstration deutschen Selbstbewußtseins dieses Land außenpolitisch zu rehabilitieren und seine Widersprüche im innern zu überspielen suchte: »Die Fahnen / heraus und geschwenkt / so heißt es / ein Staatsakt gedenken/ wir gedenken es innig was / wir gedenken im Frack / mit Zylinder«. Als Mummenschanz nach dem Modell des rheinischen Karnevals charakterisiert Brinkmann die Kittungsversuche des angeschlagenen deutschen Nationalbewußtseins in den nationalen Feiertagen, dem Volkstrauertag oder dem Tag der deutschen Einheit. Wie sich im naiven Bewußtsein des Fortschrittsoptimismus der »Wirtschaftswunderzeit« unbesehen die Fehler der Vergangenheit wieder einschleichen und die fatalen Konsequenzen einer aggressiven Rüstungspolitik aus dem historischen Kurzzeitgedächtnis verdrängt werden konnten bei dem abstrakten Spiel mit dem Krieg, beleuchtet Brinkmann am Beispiel der Wiedereinführung der Wehrpflicht: »Die Klapper des Narren / sie ruft uns zum Tanz / wir widerrufen uns immer / es kostet uns nichts / wir singen ein Lied / drei vier mit Marschschritt / wir rasten und rosten / nicht [. . .] und beten / am Abend«. Der Tanz, den der Narr hier anführt, verfolgt man ihn bis zu seinem kulturgeschichtlichen Ursprung zurück, ist der Totentanz. In der vom Wahnsinn verzerrten Gestalt des Narren scheint in der frühneuzeitlichen Kunst das Gesicht des Todes auf, und in der im Narrentanz vereinigten rauschhaften Menge drückt sich der heillose Zustand einer Welt aus, deren Ende nahe ist. Auch Brinkmanns Bild des Narrentanzes schließt diese Bedeutungskomponente durch den bedrohlich suggestiven Rhythmus des Gedichts, der einmal zum Automatismus geworden eine Eigendynamik entwickelt, mit ein und verbindet so den warnenden Gegenwartsentwurf im Bild der von Wahnsinn gezeichneten, rauschhaften Menge mit den Todesbildern aus der jüngsten Vergangenheit, wie sie der Totentanz aus Celans *Todesfuge* beschreibt.

Von Geschichtsverdrängung im Medium der Sprache spricht das Titelgedicht (St, S. 29), wenn es die vielzitierte deutsche Kulturtradition mit den Geschehnissen der jüngsten Geschichte konfrontiert. Die Frage nach der Wirkung der deutschen Kulturtradition, über die eine nationale Identität positiv zu bestimmen wäre, muß negativ beantwortet werden, da sie nicht in der Lage war, die Barbarei der Geschichte zu verhindern: »Wo ist des Deutschen Vaterland / und wo des Königs von Thule / Herzliebchen/ der Mond den Eichendorff besang / ging längst hinüber ins Unbekannt/ und wie gings Gerede / von Galgen«. In der scheinheiligen Idylle deutscher Gemütlichkeit findet der Prozeß der Geschichtsverdrängung seinen Nährboden: »doch am Sonntag / mit Dorfmusik zwischen den Wiesen / so findet mans Glück / mit Vergessen und Bibelzitaten«. Dem ideologischen Gehalt einer deutschen Alltagssprache der Verdrängung und des Verschweigens hält Brinkmann mit der heuchlerischen Frage »wer ist die Schönste / im ganzen Land«, die im Märchen von Schneewittchen die böse Stiefmutter stellt, durch seine Antwort den Spiegel vor: »Die Sprache der Steine / und wir haben keine.« Nur in der radikalen Negation von Sprache, dem Schweigen der geschichtslosen, unbelebten Natur, findet Brinkmann die Antwort und weist damit die vorhandene Sprache als Lüge aus.

Sprachnegation und die Hinwendung zum Schweigen im Gedicht sind als konstitutive Merkmale des modernen Gedichts, vor allem aber des deutschen Nachkriegsgedichts hervorgehoben worden. Mit Adornos Diktum, daß nach Auschwitz das Schreiben von Lyrik unmöglich geworden sei und Brechts normativer Setzung, daß »ein Gespräch über Bäume fast ein Verbrechen« sei, »weil es ein Schweigen über so viele Untaten« (Werke. Bd. 2, S. 723) einschließe, sowie Paul Celans aus der jüdischen Sprachmystik entwickelte Metatheorie der Sprache wurde eine Lyriktradition wieder aufgenommen, deren vorrangiges Anliegen in der Kritik ihres eigenen Mediums bestand. Lyrische Sprachkritik ist seit jeher aufs engste mit der Stein-Metapher verbunden. Mit der biblischen Metapher des sprechenden Steins, aus dem die verschlossene Wahrheit der Prophezeiung hervorbricht, findet die deutsche Nachkriegslyrik eine Projektionsfläche sprachkritischer Reflexion, die um Sprachzerstörung und -rekonstruktion im Gedicht kreist. In der Überlieferung des Neuen Testaments gibt der Gottessohn bei seinem Einzug in Jerusalem den rechtsgläubigen Bürgern, die seinen Jüngern das Wort verbieten wollen, zur Antwort: »Ich sage euch, wenn diese schweigen, werden die Steine rufen.« Das Paradox des sprechenden Steins, dem ein Zustand menschlicher Sprachlosigkeit vorausgeht, wird bei Brinkmann zum Symbol einer Wahrheit, die sich nicht mehr in Sprache manifestiert, sondern ihre Existenz im Schweigen behauptet. Der Stein wird als Symbol der Sprachnegation im Gedicht zum Widerstandspotential gegen eine falsche, verlogene Sprache. In diesem Sinne ist auch Brinkmanns Diktum von der »Sprache der Steine«, die er im Gedicht zu der »Schönsten« erhebt, zu verstehen. Gleich dem Stein, der zu einer stummen, Geschichte überdauernden Zeugenschaft verdammt ist, nimmt der Autor die Position des schweigenden Beobachters ein, dem die Teilnahme an der gesellschaftlichen Kommunikation als Verrat und falsches Einverständnis erscheint. In ähnlicher Weise rekurriert Brinkmann auf den Prolog des Johannes-Evangeliums in seinem Gedicht *Am Anfang war das Wort* (St, S. 19). In diesem Gedicht schreibt er den Schöpfungsmythos des Johannes-Evangeliums um. Im Gegensatz zur Konstruktion der Welt aus einer göttlichen Idee im Neuen Testament beschreibt Brinkmann den Sprachentstehungsprozeß als das Ergebnis menschlicher Leidensgeschichte, die das geschichtslose Zeitalter eines sprachlosen Naturzustandes beendet: »aufgestiegen / aus kaltem Hundsgedärm«, so entsteht in Brinkmanns Gedicht das Wort aus der magischen Kulthandlung, die die Zufälle des Lebenslaufs und die Unberechenbarkeit der Natur bannen soll. Parallel zu dem Gedichtanfang: »Die Stille / drängt sich aus dem Stein ein / erster Schrei herausgeeitert / aus dem Schoß« (St, S. 16) sind die Schlußzeilen von *Im Anfang war das Wort* zu lesen: »das Schweigen / geschwängert bis es aufbrach / die Wunde im / Mund blühendes / Salz wo es war / das den Stein / sprengte.« Anfang und Ende sind hier austauschbar geworden; Sprache ist nur noch als verstümmelte, defiziente denkbar. Wenn in dem Gedicht *Das Sein* die erste menschliche Äußerung der Schrei ist, so erscheint das Wort im zweiten Gedicht als Ausdruck einer physischen Verletzung wie als Verletzung selber, die, anstatt Heilung zu bieten, die bestehende Wunde weiter offenhält.

»Le Chant du Monde«. »Ohne Neger«.
»&-Gedichte«. »Was fraglich ist wofür«

1968 schreibt Brinkmann in seiner Notiz zu dem Gedichtband *Die Piloten*, mit dem er seine frühe Lyrik durch die Hinwendung zur amerikanischen Pop- und Undergroundlyrik abschließt: »Ich habe immer gern Gedichte geschrieben, wenn es auch lange gedauert hat, alle Vorurteile, was ein Gedicht darzustellen habe und wie es aussehen müsse, so ziemlich aus mir herauszuschreiben.« (St, S. 185) Brinkmanns lyrische Arbeiten aus dem Zeitraum 1963–1967 kreisen so alle um den Versuch, sich von den erstarrten Normen der Nachkriegslyrik loszuschreiben. In diesen Jahren arbeitet Brinkmann an der Destruktion des traditionellen Kunstbegriffs, indem er das herrschende Kunstverständnis in seinen Texten immer wieder angreift und radikal in Frage stellt. In seinen poetologischen Überlegungen wendet er sich nicht nur gegen die Entfaltung einer Idee, gegen die Konstruktion eines über die erfahrbare Realität hinausweisenden Bildes, sondern wendet sich gleichermaßen gegen eine herausragende Rolle des Dichters als stellvertretendem Sprecher für die Summe der Individuen. Brinkmann arbeitet so an der Profanierung des Kunstbegriffs, wenn er die umfassende Verantwortung des einzelnen angesichts einer zerstückelten, fragmentarischen Realitätserfahrung als idealistisches Postulat kennzeichnet und die Aufgabe des Dichters darauf beschränkt, für sich selber, d. h. für dieses eine isolierte Individuum zu sprechen, das aus seiner beschränkten Position seinen eigenen Realitätsausschnitt ins Blickfeld nimmt. Unter dem Aspekt *Schreiben, realistisch gesehen* (St, S. 64), wie es im Titel eines Gedichts aus *Le Chant du Monde* programmatisch heißt, verwirft er alle emphatischen Literaturmodelle und fällt über die Bedeutung des Schriftstellers für die Gesellschaft ein vernichtendes Urteil, dessen Grundtenor die Bedeutungs- wenn nicht sogar Sinnlosigkeit seiner Tätigkeit ausmacht. In den Texten dieses Bandes kreisen Brinkmanns Überlegungen immer wieder um die Bestimmung des Verhältnisses von Realität und Kunst, sei es in *Gedichte schreiben* (St, S. 42), in dem er die Lebenswelt eines Postboten mit seiner eigenen, der des Schreibenden konfrontiert oder in *Mit Keksen Abends* (St, S. 74) aus *Ohne Neger*, in dem er die Diskrepanz zwischen seinem Schriftstellerdasein und der Aufgabe allgemeiner Lebensbewältigung reflektiert. Allen diesen Texten ist gemeinsam, daß der konkreten Realität eine höhere Bedeutung zugestanden wird als der literarischen. Brinkmann wendet sich hier ausdrücklich gegen die zuletzt von Benn wirkungsvoll vertretene Theorie einer Kunst, die nur sich selbst zu bedeuten und die Niederungen der Realität im Artefakt zu übersteigen habe. So glaubt der Postbote, dem Kunst in seiner Lebensrealität fremd und äußerlich bleibt, nicht »an Gedichte / und Stilleben // an Regen / und Schnee // als poetisches / Bild«. Für ihn haben Regen und Schnee eine andere, unmittelbar auf Realität bezogene Bedeutung. Auch seiner eigenen existenziellen Situation, dem finanziellen Mangel,

den familiären und gesellschaftlichen Anforderungen kann Brinkmann mit seinem Schreiben nicht beikommen: »An ein Weiter-
kommen / ist aber mit Poesie nicht zu denken«. Die Literatur und
das Gedicht unterliegen gegenüber den Anforderungen der Realität,
sie sind unfähig einen Beitrag zur Realitätsbewältigung zu leisten.
Wenn er mit der Figur des Postboten die Vertreter einer absoluten
Kunst attackiert, so negiert er mit den letzten Texten eine enga-
gierte Lyrik, zu deren Selbstverständnis eine Realität verändernde
didaktische Wirkintention zählt. In diesem Sinne dient Brinkmann
jede Kunsttheorie, die auf ein über ihren Gegenstand hinausweisen-
des Ziel hin orientiert ist, nur der Selbstlegitimation des Schreibens.
Sein lakonisches Statement am Ende des Gedichts *Was soll das* (St,
S. 44) kann als offene Provokation des chronisch überhöhten An-
spruchs an Kunst verstanden werden: »Besser als ein Gedicht / ist
eine Tür, die / schließt.« Nur in einem einzigen *Gedicht* (St, S. 97)
hält er eine vehemente Gegenrede zu seiner inszenierten Destruktion des Kunstwerks. Hier spricht ein Schreibender, der die Krise
der Literatur immer auch als eigene erfährt, indem er der eigenen
Abbrucharbeit die existenzielle Bedeutung der Phantasie, des
Traums und des utopischen Gegenentwurfs entgegenhält. Die
Arbeit der Phantasie und der Entwurf von »Bildern« erscheinen
nun als überlebensnotwendig und die Bereitschaft, den Verwaltern
einer zweckrational-planbaren Welt das Feld zu überlassen, wird als
todbringend gekennzeichnet: »ein Wort / weiß und /so gewichtlos /
als ob da / eine Tür sich / unverhofft / geöffnet hat / nirgend /
wohin«. Wem es fehlt, der ist hilflos denjenigen ausgeliefert, die für
ihn das Wort ergreifen und ihn entmündigen, indem sie ihn sprachlos machen: »Er dachte / niemals / ein Wort / aber andere / waren /
genug da, die / für ihn / was sagten / bis er / wortlos / umfiel.« Was
der Text fordert, kann aber – dies macht Brinkmann in dem Gedicht *Schnee* (St, S. 40) deutlich – in der Sprache, insbesondere
derjenigen der Lyrik nicht mehr eingelöst werden. Der lyrischen
Metapher gelingt es nicht, die Diskrepanz zwischen Signifikant und
Signifikat zu durchbrechen. Die Dynamik des realen Naturvor-
gangs erstarrt in der statischen Metapher zum toten Zeichen. Sprache erweist sich daher als untauglich, um jene Imaginationskraft zu
entfalten, die Benn im Farbadjektiv blau aufleuchten sah.
    Brinkmanns Angriff auf die absolute Kunst ist zugleich auch ein
Bildersturm. Immer wieder nimmt er in seinen frühen Gedichten
das lyrische Sprechen im ausufernden Kanon der Naturmetaphorik
im zeitgenössischen Gedicht zum Anlaß seiner Kritik und verweist
ihn in die Ecke eines historisch gewordenen Kulturbestandes. Mit
dem Gedicht *Ein einziger Satz* (St, S. 139) unternimmt er den sum-

marischen Angriff auf die Naturlyrik, indem er ihren Metaphern-
reichtum zu einem Schutthaufen zusammenträgt. Dem je einzelnen
Gedicht nimmt er so seine Originalität, wenn er unter dem Sam-
melbegriff »Blumenbeet« verschiedene naturlyrische Texte aufad-
diert und summarisch erledigt. Indem er diese Lyrik als amorphe
Masse serieller Produktion kennzeichnet, zerschlägt er ihre aurati-
sche Wirkung. Sein Gedicht bildet so die Monotonie und Sterilität
einer erstarrten Form durch die Wiederholung des immer gleichen
nach: »Und wieder Sätze. / Andere. Andere / Blumen, ein für alle
Mal. / [...] zu fragen bliebe / wofür.« Bereits in seinem ersten
Gedichtband hatte er diesen Sachverhalt in dem Text *Von der Ge-
genständlichkeit eines Gedichts* (St, S. 17) reflektiert: »die ange-
wandte Grammatik enthält / nichts über Wetteraussichten / und sie
mißt dem /Vogelflug nicht die geheime Formel bei / leichter zu sein
als die Schwermut ohne Regel / ist die Landschaft angeordnet«.
Brinkmann verweist hier den Menschen aus dem Dialog mit der
Natur und definiert sie als etwas Fremdes, Eigenständiges, das sich
dem einfühlenden Verständnis wie der projizierenden Deutung
entzieht: »Die/ Bäume verbergen der Sprache / die innere Wildnis«.
Dagegen hebt er »Tinte«, »Feder« und »Papier« als Produktionsmittel des Gedichts hervor, denen nichts Geheimnisvolles anhaftet.
Diese profane Bestandsaufnahme kennzeichnet die Voraussetzung
jedes Schreibens. Mit der Tinte, deren »Farbe königsblau« ist, benennt er den zum Markenzeichen gewordenen Farbwert des Pro-
dukts. Das Blau der Tinte enthält aber gleichzeitig einen versteckten
Angriff auf das lyrische Blau, der von Benn geadelten Metapher mit
dem »höchsten Wallungswert«, in dem seine Poetologie des absoluten Gedichts zusammenfließt.

>>Zwischen
den Zeilen
steht nichts
geschrieben.

Jedes Wort
ist schwarz
auf weiß
nachprüfbar.« (St, S. 60)

Damit bestimmt Brinkmann programmatisch die Voraussetzungen
seines Schreibens aus dem für jedermann nachvollziehbaren Material der alltäglichen Umwelt. Nicht der Bestand der literarischen
Tradition, die Lesefrüchte des Intellektuellen und nicht das Spektrum literarischer Motivketten, Symbole und Strukturen bilden die
Grundlage seiner Texte, sondern die Gegenwart mit all ihren sinnlichen Reizen, die er mit allen anderen Zeitgenossen teilt. Dies

unterstreicht er noch einmal in dem *Gedicht am 19. März 1964* (St, S. 45) in dem er die Voraussetzungen seines Schreibens offenlegt und seine technischen Hilfsmittel benennt:

> »Ein Bleistift
> ein Blatt Papier
> eine Tasse Kaffee
> eine Zigarette«

Sein Material gewinnt er aus seiner aktuellen Lebenssituation:

> »der letzte Schlager
> der Rolling Stones
> der kommende Frühling
> das Familienbild«

Seine eigentlichen Produktionsmittel sind seine Wahrnehmungs- und Ausdrucksfähigkeit:

> »eine Hand
> einige Worte
> ein Auge
> ein Mund.«

Das Gedicht wird so zu einer zufälligen »momentane[n] Kombination« (F.i.W, S. 249), die einen kurzen Augenblick einfängt, indem sie seine Wahrnehmung durch eine präzise, intentionslose Wiedergabe in einer zum Bild erstarrten Momentaufnahme festhält. *10 Uhr 20* (St, S. 54) ist eines dieser Gedichte, das durch seinen Titel den genauen, eng umrissenen Zeitraum seiner Entstehung benennt, der zugleich sein Thema ist. Dieses Modell der Aneinanderreihung einfacher Wahrnehmungsnotate hat Brinkmann in anderen Gedichten variiert und ausdifferenziert. In der Erweiterung verliert es seine Eindeutigkeit und scheinbar unbestechliche Objektivität und macht die Vieldeutigkeit, das Ungesicherte auch der simpelsten Wahrnehmungsvorgänge sichtbar. Daß die jeweilige, subjektiv beschränkte Wahrnehmung nicht aus dem Wahrgenommenen selbst ihren Sinn bezieht, ja daß Wahrnehmungen vielen Täuschungen und Brechungen unterworfen sind, macht Brinkmann in seinem Gedicht *Photographie* (St, S. 52) deutlich.

> »Mitten
> auf der Straße
> die Frau
> in dem
> blauen
> Mantel.«

Dieses noch nicht einmal einen vollständigen Satz umfassende Gedicht präsentiert ein statisches Bild ohne jede Bewegung. Das Gedicht erhält diesen Effekt durch das Fehlen des Verbs in dem fragmentarischen Satz. Die Beschreibung des sichtbaren Faktums zielt hier nicht auf die Herstellung eines bedeutungsvollen Ganzen, in dem die einzelnen Teile einen Verweisungscharakter auf einen übergeordneten Kausalzusammenhang bekommen, sondern jedes einzelne Wahrnehmungssegment und jedes Detail der Beschreibung steht für sich selbst. Dieses scheinbar objektive Schema einer emotions- und intentionslosen Wiedergabe der sichtbaren Welt durchbricht Brinkmann aber, indem er dem Gedicht durch seinen Titel eine zweite Wirklichkeitsebene unterlegt. Der Titel spielt zum einen auf die Analogie zwischen dem literarischen Verfahren des Gedichts und der photographischen Technik an und zum anderen bezeichnet er den Gegenstand des Gedichts selber. Was das Gedicht beschreibt, ist nicht, wie man zunächst annehmen mag, die Realität selbst, sondern bereits ihr Abbild. Das Gedicht verdoppelt Realität ein zweites Mal, es wird zur Wiedergabe einer bereits vorhandenen Reproduktion. In der Photographie gefriert die menschliche Aktion zum leblosen Bild, daher rührt das Fehlen des Verbs im Text. Das Leben in der dargestellten Person ist erloschen, ihre Aktion wie deren Bedeutung unwiderruflich verloren, ihr Bild wird zum toten, sinnlosen Zeichen. Die Raffinesse des kurzen Textes besteht darin, daß sein Titel die Beziehung von Realiät und Abbild verwirrt. Die Kriterien für eine Trennung von faktischer und dargestellter Realität können nicht mehr als gesichert gelten, dies ist die eigentliche Botschaft des Textes, so daß die Existenz einer objektiven Realität außerhalb der subjektiven Wahrnehmung in Zweifel gezogen werden muß.

Zuletzt variieren eine ganze Reihe von Brinkmanns Gedichten aus der frühen Lyrik das Thema einer »Nature morte«.

> Ein Hund, der
> stillsteht, ohne
> Gesicht. Ein Apfel
> ist verfault.
> Die Zeitung
> von gestern. (St, S. 50)

Alle genannten Gegenstände fügen sich zu einem Bild des Todes zusammen, das seinen Schrecken von dem surrealistisch anmutenden Bild des gesichtslosen Hundes, einem anderen *Chien Andalou* (vgl. F.i.W, S. 111) erhält. Brinkmann hat diese Bilder der Flüchtigkeit der Gegenstände des alltäglichen Umgangs in seinen frühen Gedichten immer wieder aufgesucht. In *Geschlossenes Bild* (St, S. 57) beschreibt er die bedrückende Leblosigkeit einer Dingwelt, hinter der die konkrete Person verschwindet:

»Überraschend
die zufällige Anordnung
des Aschenbechers
der Tasse, der
Hand zu einem
geschlossenen Bild.
Keiner kann sagen, hier
wird gelebt.«

So ergreift der schleichende Tod, der in allen Dingen zu wohnen scheint, auch die Menschen. Sie werden zum neuen Material einer sich ausbreitenden Nature morte.

Einfaches Bild
Ein Mädchen
in
schwarzen
Strümpfen
schön, wie
sie
herankommt
ohne Laufmaschen.
Ihr Schatten
auf
der
Straße
ihr Schatten
an
der Mauer.
Schön, wie
sie
fortgeht
in schwarzen
Strümpfen
ohne Laufmaschen
bis unter
den Rock. (St, S. 124)

Zunächst einmal reproduziert Brinkmann in diesem Gedicht eine alltägliche Wahrnehmung, die zum gewohnten Bildmaterial städtischen Lebens gehört. Darüber hinaus verarbeitet er mit diesem Bild ein seit Baudelaire in der modernen Lyrik fest etabliertes literarisches Motiv. Es hat seinen Ursprung in der Großstadt und ihrer anonymen Menschenmasse, in der sich der Schriftsteller als Flaneur und Voyeur treiben läßt. In Baudelaires berühmten Gedicht *A une passante* aus den *Fleurs du mal* findet sich zum ersten Mal jene für den Schriftsteller der Moderne typische Haltung des in der Masse unerkannten Beobachters, der sich intentionslos der Vielzahl der

auf ihn einstürmenden Eindrücke hingibt. Brinkmann hat dies als
die eigentliche Arbeit des Schriftstellers beschrieben: »Worauf es
ankommt, ist sich den ›Fakt‹ anzuschauen, das vorhandene Material
aufzunehmen, *sich das ›Bild‹ zu beschaffen,* also: in der Stadt her-
umzugehen, Zeitung zu lesen, ins Kino zu gehen, zu ficken, sich in
der Nase zu bohren, Schallplatten zu hören, dumm mit Leuten zu
reden ... sich selbst und anderen auf die Nerven zu fallen!« (Vanille, S. 141) Bei Baudelaire wie später in Benns *Untergrundbahn,*
Williams *The Girl* und zuletzt Brinkmanns *Einfache*[m] *Bild* bleibt
diese Haltung des Betrachters immer dieselbe. Wie zufällig hakt sich
der Blick an einem Bild mit hohem Reizwert fest, von dem der
männliche Betrachter mit den Augen Besitz ergreift. Die unerreich-
bare Frau aus der Menge besetzt der männliche Blick und macht sie
als beliebige Repräsentantin ihres Geschlechts zum flüchtigen Objekt seiner libidinösen Phantasien. Seine Attraktivität erhält dieses
Bild aus der ihm innewohnenden Spannung von Unerreichbarkeit
und Flüchtigkeit und der konkreten sexuellen Obsession im Bewußtsein des Betrachters. Während Baudelaire und Benn die flüchtige Begegnung dazu nutzen, sich selbst in einem fiktiven Dialog zu
dem Objekt ihrer Wahrnehmung in Beziehung zu setzen, beschränkt sich Brinkmann wie vor ihm schon Williams auf die nüch-
terne Beschreibung des reinen Wahrnehmungsvorgangs. Auch hier
fängt sich der Blick nach dem einfachen Reiz-Reaktions-Schema.
Brinkmanns Mädchen ist im Gegensatz zu seinen literarischen Vor-
gängerinnen um ein weiteres entindividualisiert. Ist es bei Baudelaire und Benn noch die bestimmte Frau, von der die Attraktion
ausgeht, so ist sie bei Brinkmann zur Trägerin einer mit erotischem
Reizwert aufgeladenen Ware reduziert. Es ist nicht mehr das Bein,
an dem sich der Blick fängt, sondern der makellose Strumpf ohne
Laufmasche, wie ihn die Werbeindustrie dem potentiellen Käufer
anpreist. So ist auch ihre Schönheit, die Brinkmann hier provokativ
preist, im eigentlichen Sinne die Schönheit der Ware. Dem Bild des
Mädchens haftet deshalb eine diffuse Unwirklichkeit an, wenn es
restlos und untrennbar für den Leser mit dem Bild eines Werbepla-
kats verschmilzt.

17

Prosa der Formexperimente

In der Grube

Die Erzählung, die als Beitrag zu dem von Dieter Wellershoff herausgegebenen Erzählband *Ein Tag in der Stadt. Sechs Autoren variieren ein Thema* im Jahr 1962 entstand, gilt allgemein als Brinkmanns literarisches Debüt. Sie thematisiert einen kurzen Besuch in der Heimatstadt des Erzählers, die er vier Jahre vorher verlassen hat. Es ist der Versuch einer Heimkehr, der Aussöhnung des Protagonisten mit seiner Geschichte als Voraussetzung für eine selbstbewußte Standortbestimmung des Ichs in der Gegenwart. Der Titel der Erzählung meint ein doppeltes: Zum einen steht die »Grube« für die Unentrinnbarkeit aus der eigenen Geschichte, sie wird zur Falle für das Individuum, an der seine Befreiungsversuche scheitern. Zum anderen meint sie jene schützende Höhle, in deren Geborgenheit sich das freigesetzte Individuum zurücksehnt: »ich hatte doch gar nicht gewußt, woran es zu glauben galt, vielleicht an die uneingestandene Hoffnung, aus aller Gleichgültigkeit heimzukehren, sich wieder einzunisten in den Mutterleib«. (Erz, S. 57) Als Regression entlarvt denn auch der Text untergründig den Heimkehrwunsch des Erzählers. Das Apfelblütenweiß, das ihn zur Unterbrechung seiner Reise verführt hatte, ist nicht nur das reale der Bäume im großväterlichen Garten, sondern kehrt in einer Variation in dem Madonnenbild über dem Bett der Eltern wieder. (Erz, S. 55) In der Muttergottes mit dem Kind findet der Wunsch des Erzählers nach der Rückkehr zur Mutter sein Urbild. Mutterleib und Grab heißen die beiden extremen Pole der Heimat, zwischen denen sich die Standortbestimmung des Erzählers vollzieht: »er hatte in der Grube gelegen und über ihm eiterte der Himmel [...] und ein anderes Mal hatten sie ihn mit fauligem Laub bedeckt, im Grab war er, [...] er war erstickt, er hatte keine Luft mehr bekommen, das hatte er in sich getragen«. (Erz, S. 60) Am Ende muß dieser Heimkehrversuch als gescheitert gelten, da es dem Erzähler nicht gelingt, sich aus der Einengung durch seine Biographie, von den Konstanten seiner Herkunft zu befreien. Als er am Abend dieses Tages in der Heimatstadt zum zweiten Mal aufbricht, gerät ihm dieser Befreiungsversuch zur Wiederholung des ersten: »ich war einfach fortgefahren, was mir als einziges zu tun geblieben war, aus der Grube herauszukriechen, wie ich mir eingebildet hatte, und doch war ich nicht herausgekommen, ich ging an den Fahrkartenschaltern vorbei.« (Erz, S. 65) Erneut flieht der Erzähler aus dem Machtbereich seiner Herkunft, ohne ihre Gewalt gebrochen zu haben. Noch ein Jahrzehnt später resümiert Brinkmann in seinem Tagebuch: »Schrieb über Essen, In der Grube. (:Und sitze jetzt noch in der Grube?)«. (Erk, S. 264) Die Loslösung von dem repressiven Moralsystem seiner Kindheit und Jugend, mit dem er in der frühen Erzählung noch kämpft, hat er da allerdings vollzogen. Wenn die Erzählung noch einmal das Scheitern der ersten Liebesbeziehung erinnert, so tut sie dies mit dem moralischen Impetus und dem körperverachtenden Vokabular der Elterngeneration. Distanzlos wiederholt die Erzählung die Zerstörung einer reinen Liebesvorstellung durch das Eindringen der Sexualität: »alle die Gesichter jung damals, sie waren verfault, ich auch, eine übelriechende Fäulnis, die mit dem Geschlecht gewachsen war, eine Pflanze, abgestorben, am Wegrand Wegerich, aber das verfault wie mein Gesicht, wie Manons Gesicht, Manon, auf die ich beständig zurückgefallen war, durch die ich hindurchgegangen war, Haß, Geifer, die neben mir war an dem nebligen Abend, die ich erwürgt vor mir liegen sah in aller Gleichgültigkeit, nicht betroffen, wo ich neben ihr hergegangen war.« (Erz, S. 58) Seinen moralischen Rigorismus wendet der Erzähler in blinden Zerstörungsphantasien gegen das geliebte »Objekt«, gegen seine gesamte Umwelt und steigert ihn zuletzt in dem Gefühl des Ekels und der grenzenlosen Gleichgültigkeit zum Selbsthaß.

Daher wird in der Erzählung der Heimatort zum Symbol einer umfassenden Sinnentleerung. Nicht von ungefähr steht die gedehnte Schilderung körperlicher Entleerung am Anfang wie am Ende des Besuchs in der Heimatstadt. Aus der Destruktion von positiven Identifikationsmustern folgt die bedrückende Gleichgültigkeit des Erzählers, die er als seine Krankheit diagnostiziert:« aber schon in der Pißhalle im Bahnhof war er wieder davon aufgesogen worden, daß sich die Welt in unendlich großer Gleichgültigkeit vollzog, was ihn getroffen hatte im Aufriß eines Augenblicks«. (Erz, S. 62)

Ihren Umschlagpunkt hat die Erzählung in dem kontinuierlichen Gedankenstrom, mit dem der Erzähler ein Weiterleben als kleiner Angestellter in der Heimatstadt phantasiert. In diesem gedrängten Text, der die Erzählung in zwei Hälften teilt, schießen alle negativen Assoziationen unterschiedlichster Herkunft, aus der deutschen Ge-

19

schichte wie aus literarischen Anspielungen zu der Identifikation des Ortes als »Krematoriumsvorhof« (Erz, S. 41) zusammen.

Die Erzählung ist als Verdoppelung ein und desselben Erinnerungsstroms aus einer wechselnden Erzählerposition konstruiert. Das Hinundherspringen zwischen der ersten und dritten Person verdeutlicht sowohl die Anstrengung, die eigene Geschichte zu objektivieren, als auch das Scheitern dieses Distanzierungsversuchs.

»Die Umarmung«

Mit dem Titel seines ersten in den Jahren 1962 bis 1964 entstandenen Erzählbandes *Die Umarmung* gibt Brinkmann einen Hinweis auf die Konstruktion des Bandes, die er als eine geschlossene Kreisform angelegt hat. Das Thema des Bandes ist kein anderes als der Kreislauf des Lebens. Zeugung, Geburt und Tod kennzeichnet der Autor mit den einzelnen Erzählungen als bestimmende Erfahrungen, die seinem gesamten Schreiben zugrundeliegen. So steht die Titelgeschichte für die Zeugung, *Der Arm* thematisiert den langsamen Krebstod der Mutter, *Der Riß* die Geburt seines Sohnes Robert. Alle drei Themen sind auf vielfältige Weise miteinander verknüpft. Die Erzählungen konstruieren keine lineare Entwicklung eines zeitlichen Kontinuums, vielmehr weisen sie eine wechselseitige Durchdringung der einzelnen Motive, mehr noch eine gegenseitige Abhängigkeit oder Determinierung auf. Dies geschieht durch die künstlerische Wiederholung und Variation der einzelnen Motive, so daß zu jedem Hauptthema die übrigen Motive mit aufscheinen. Auf diese semantische Struktur der Überdeterminierung gibt die Titelgeschichte einen versteckten Hinweis. Die Uhr, konkret der »Wecker«, von dem hier die Rede ist, läuft »vorwärts rückwärts«, so daß Zeit hier »rückwärts auf der Stelle vorwärts« steht. (Erz. 171) Damit wird die untergründige Struktur der Texte als eine Aufhebung linearer Zeitbezüge zugunsten einer gleichzeitigen Präsenz des zeitlich Getrennten benannt, in dem Zeit im Knotenpunkt zusammenschießt. Die Erzählungen werden damit zu einem Diagramm des Unbewußten, in dem das Nacheinander von erlebter Zeit, die Ordnungsfunktion von Zeit aufgehoben ist. Zeugung, Geburt und Tod phantasiert so der Text des Unbewußten ineinander, keine dieser existenziellen Szenen steht für sich allein, die Texte verleihen den jeweils abwesenden Elementen eine stille, untergründige Existenz. Einen gemeinsamen Ort finden alle drei im Körper der Frau. Die Fremdheit gegenüber dem anderen Geschlecht, von dem diese frühen Texte sprechen, hat ihre Ursache in den Projektionen des Autors, für den die Frau zur Verkörperung eines existenziellen Widerspruchs, der Vereinigung von Leben und Tod wird.

Die erste Erzählung des Bandes befaßt sich mit dem langsamen Sterben der Mutter an einer unheilbaren Krebserkrankung (vgl. dazu: Schulz). Ihre tödliche Krankheit, der Brustkrebs, weist auf die Beschädigung des Leben verkörpernden Prinzips der Frau hin. Den qualvollen Tod der Mutter erfährt der Sohn als schmerzhafte, zweite Geburt. Von symbolischer Bedeutung ist hier der Ort des Geschehens, den die Erzählung genau beschreibt: Es ist das dunkle Zimmer im Elternhaus, in dem die Stille der Nacht solange vorherrscht, bis über eine lange Treppe und einen Flur die Außenwelt mit der Todesnachricht zu dem Protagonisten vordringt. Die Stille und der Flur markieren auch wieder den Ort in der komplementären letzten Erzählung *Der Riß*. In seiner Wahrnehmung des Sterbens der Mutter rekonstruiert der Protagonist frühkindliche Erfahrungsmuster. Die Gewißheit über ihren Tod versetzt den im Bett Liegenden in Hilflosigkeit und panische Angst. Sein Empfinden ist auf jene ersten fundamentalen Körperempfindungen vergleichbar denen des Säuglings reduziert. Abgetrennt vom Bewußtsein wird der Körper zu einem einzigen hypersensiblen Empfindungsorgan, der sich aus seinem Angstzustand zu befreien versucht: »Überall auf der Haut empfand er an sich das Ölige, Warme, den plötzlichen Schweißausschlag, und am liebsten hätte er das auf ihm lastende Bett von sich geschoben, hätte nackt liegen mögen, bloßgestrampelt, er blieb so liegen.« (Erz, S. 87) Die Körpersinne registrieren mit äußerster Wachheit jede Regung der Außenwelt als Bedrohung und phantasieren den Urzustand ungefährdeter Geborgenheit in der pränatalen Existenz zurück: »Gleichgültig und ruhig hatte er zugehört, wie auch dieses Fahrzeug in der Nacht verschwand, aufgesogen, bis nichts mehr zu hören war, es still blieb, leer und schwarz, die Stille dichter um das Haus wuchs, eine schwarze, taube Stille, die groß war, ruhig, ein stillstehendes Wasser, tief, eine weite, bewegungslose Fläche, ohne Strömung, in der er wach, hellwach lag, gar nicht müde, gleichmäßig atmend, als ob er schliefe, offen die Augen, allein, allein gelassen, was für ihn ein neues Gefühl von Alleinsein war, das ihn nicht quälte«. (Erz, S. 89) Für einen kurzen Moment berühren sich in diesem Bild der dunklen Stille Leben und Tod. In keinem Augenblick ist der Protagonist seiner toten Mutter auf doppelte Weise näher als in der phantasierten Urszene.

Für den jugendlichen Protagonisten fällt die Erfahrung des Sterbens, des langsamen körperlichen Verfalls der Mutter mit den ersten aktiven sexuellen Erfahrungen mit dem anderen Geschlecht zusammen. Der Text konfrontiert mit schonungsloser Beschreibungswut den weiblichen Körper im Stadium seiner schreckenerregenden Zerstörung mit der jugendlichen Unberührtheit und Unversehrtheit des Mädchenkörpers: »Der Schnitt verlief quer über ihren Brustkorb zum Bauch hin. Eine der Brüste war abgeschnitten worden, die andere war auf die Seite gerutscht, ein Lappen. Flach, verbrannt, aschiggrau war die Fläche gewesen, wo ihr der eine Brustlappen fehlte, und das Fleisch dort war schuppig, es schuppte ab, der Schnitt selber war eine bläuliche, rot geschwollene Linie, die ein wenig eiterte, oder das war vielleicht gelbe Salbe, Schmiere, es wollte nicht mehr richtig dort zusammenwachsen. Er hatte ihr gesagt, daß es nicht schlimm sei. Es würde alles wieder gut. Wie schön draußen der Tag sei. Aber als er nachher im Strandbad lag, träge und faul sich in dem heißen Sand wälzte, hatte er noch immer das Würgen, den Schluckauf im Hals und sah auf die runden, weichen Kugeln der Mädchen, der Frauen, hatte immerzu darauf sehen müssen«. (Erz, S. 99f.) Mit dem Bennschen Vokabular der *Morgue*-Gedichte beschreibt Brinkmann die Zerstörung der Person durch ihre Reduktion auf den physischen Verfall. Der vom Sterben der Mutter infizierte Blick des sexuell erwachten Jugendlichen seziert den weiblichen Körper. Seine Wahrnehmung vollzieht so die erlebte Verletzung des Körpers der Mutter nach: Ihre Verstümmelung durch die Brustoperation erfährt er als Verlust ihrer Weiblichkeit und Mutterfunktion. Sie entläßt ihn in die Selbständigkeit. Das Grauen des langsamen Sterbens zerstört gewaltvoll die Mutterbindung des Jugendlichen, ihr Sterben wird zu einem angstbesetzen Abstoßungsprozeß, einem negativen Initiationsritus, der den Jugendlichen zum Erwachsenen macht. Signifikant für dieses latente untergründige Thema aller Erzählungen ist das gehäufte Auftreten des Verbs ›saugen‹ in verschiedensten Zusammenhängen. Das Zusammenfallen von Sexualität und Tod in dieser entscheidenden Entwicklungsphase wird zu einer »Urszene«, die sich als dauerhaftes Erfahrungsmuster einprägt. Damit bekommt die Erzählung Schlüsselcharakter für das gesamte Werk Brinkmanns. Hier legt er den biographischen Hintergrund für seine spätere Besessenheit im Aufspüren dieses frühen Erfahrungsmuster, den Wiederholungszwang seiner Texte offen. Brinkmanns Mutter starb 1957 nach langem Leiden, der Autor war zu dieser Zeit siebzehn Jahre alt.

Risse und Schnitte behaupten von dieser Zeit an ihre ständige Präsenz im Werk Brinkmanns. Sie werden als individuelle Erfahrungsmuster zum Konstruktionsprinzip seiner Texte, mit denen er ihnen seine existenzielle Erfahrung einschreibt. Auch in den weiteren Erzählungen des Bandes wird dieses Muster an zentraler Stelle variiert. *Der Riß* heißt die letzte Erzählung des Bandes, *Schnitte* Brinkmanns spätes Tagebuch. Die verschüttete Herkunft der Struktur der späten Texte legen die frühen Erzählungen offen. So schreiben Brinkmanns Texte immer wieder von demselben, von der Verletzung des Lebens durch den Tod, den der zerstörte Text, die tote Schrift repräsentiert.

Alle weiteren Erzählungen des Bandes können als Kommentar zu der ersten gelesen werden. *Weißes Geschirr* erzählt von dem Scheitern der ersten Liebesbeziehung. Der Titel evoziert das Trennende der jugendlichen Partner, die Distanz der unterschiedlichen sozialen Herkunft und die Virginität des Mädchens als körperliches Berührungsverbot. Männliches Begehren und mädchenhafte Keuschheit halten den Text in Spannung. Es ist der männliche Blick auf das andere Geschlecht, der Fremdheit und Unsicherheit in Worte zu fassen versucht. Faszination und Irritation halten den weiblichen Körper besetzt: »Stoffwechsel, Menstruation, das eine andere, immer andere«. (Erz, S. 130) In der Konfrontation mit den Bildern der Modersohn-Becker, die das junge Paar in einer Ausstellung gemeinsam betrachtet, findet das ambivalente Frauenbild zwischen Begehren und Verachtung seinen Ausdruck: »die Gesichter still, die an schweren Brüsten hingen, an den prallen, schwer nach unten ziehenden Milchbeuteln sogen, Brüste mehr wie Euter, Kuheuter, massig, ungeheuer massig wie alle Leiber, die wuchtigen, nackten, erdbraunen Frauenleiber, die plumpen Körper, die Gebärmaschinen, die Muttersäue, die aber trotz ihrer Grobschlächtigkeit, trotz ihrer aufdringlichen Nacktheit eigenartig keusch wirkten, bloßgelegt von den harten, einfachen Pinselstrichen dieser Malerin«. (Erz, S. 122) Angezogen und abgestoßen wird der Betrachter von der Darstellung der Frau als Natur. Die aggressive Abwehr von Fruchtbarkeit und Mutterschaft als naturhafte Attribute des Weiblichen hat ihren Grund im schmerzhaften Verlust der Mutter. Ihr Bild findet er in den Werken der Malerin rekonstruiert. Was ihr zukam, kann er aber keiner anderen zugestehen, daher rührt sein Haß auf alle Symbole des Weiblichen. Signifikant in diesen frühen Erzählungen ist die negative Wertung des weiblichen Körpers und seiner Natur.

Es ist immer der bewußtlose Körper, dessen Autonomie als abstoßend und bedrohlich erfahren wird. Die Titelgeschichte *Die Umarmung* erzählt die Geschichte einer Beziehung als Geschichte des Sexualverhaltens der beiden Partner. Von der Defloration bis zum Zeugungsakt beschreibt der Autor eine Geschichte von Gewalt und Verletzung, in der die Körper als subjektlose Eigenexistenzen agieren. Am Anfang dieser Erzählung steht wiederum eine Verletzung.

Der »Riß« ist der Preis, den die Natur von den Liebenden zu fordern scheint: »dagegen sie nicht mehr hatte anschlucken können und ihm ihre Angst, ihre Schmerzen, das Stechen im Unterleib, das Reißen, Zerreißen, das Ziehen mit einem Mal klar werden ließ, so daß er da nicht mehr weiter gekonnt hatte, innehielt mit dem Drängen, sie aufzureißen, zu öffnen«. (Erz, S. 172) Mit unkontrolliertem Begehren beherrscht der Körper die Person »als sei er überall von einem rötlichen, geilen Wundbrand überzogen, [...] als sei er nur eine einzige, krebshafte Wucherung neben ihr, die sich im Kopf festgesetzt hatte und vom Kopf aus den übrigen Körper wegfraß, eine Schwellung, eine Geschwulst, die eiterte, ein riesig aufgeblähter Eitersack«.(Erz, S. 174) Das eigene Körperempfinden ist durch die negative Körpererfahrung im Sterben der Mutter bis in die Worte hinein infiziert. Die Verletzung des Ichs durch den Tod hat sich dem Unbewußten eingeschrieben und wirkt als Selbsthaß auf den eigenen Körper zurück. In der Erzählung nehmen die Körper monströse, unbeherrschbare Gestalten an, zerfallen in einzelne Teile, die krankhaft im Bewußtsein wuchern, um dann wieder in eine amorphe Masse zurückzufallen: »es waren in dem bleiernen Licht übergroße, erdrückende Dinge, die die Schlafcouch umstellten, auf der sie aufgebläht lagen, selbst riesenhaft angeschwollen, aufgedunsen, Rümpfe, Riesenrümpfe, Torsen, die über die Liege hinausgequollen waren in das Zimmer hinein, die das Zimmer ausfüllten als kopflose, fleischliche Wucherung, als Schwämme, Fleischschwämme, die sich aneinander festgesaugt hatten und sich aufbliesen, zwei weiche, wabernde Klumpen Gallerte, in denen es aus irgendeinem rätselhaften, unverständlichen Grund lebte, in denen sich hemmungslos Stoffwechsel vollzog.« (Erz, S. 175)

In *Der Riß* findet diese negative Körper- und Sexualgeschichte ihren vorläufigen Abschluß. Die Erzählung besteht aus den Wahrnehmungen, Assoziationen, Erinnerungen und Phantasien, all den Bewußtseinsabläufen, von denen der von der Geburt ausgeschlossene werdende Vater während der gedehnten Wartezeit bedrängt wird. Der Ort seines Wartens ist der stille, menschenleere Flur des Krankenhauses. Dieser langgezogene »Schlauch« (Erz, S. 196) läßt keine Fluchtmöglichkeiten offen, wie die Zeitspur des individuellen Lebens, das der Wartende punktuell reflektiert, dehnt er sich einzig in eine Richtung aus, nur zu den beiden Enden hin offen. Dem Beengenden des Raums, dem der Betrachter nicht zu entweichen vermag, korrespondiert die Erfahrung der stillgestellten Zeit in der Wahrnehmung des Wartenden: »die abgestandene, mürbe Stille, in die sie hineingegangen sind wie in einen Schlauch und sich bewegten, als wäre sie trockenes, wolliges Wasser, Watte, von der er das

Empfinden hatte, sie wiche vor ihnen zurück, zöge sich zurück und schöbe somit immer ein kleines Stück schrittweise das Ende des Flurs hinaus, so daß sie noch stundenlang an den Türen rechts, links vorbeigehen müßten, dabei nie ans Ende kommen würden.« (Erz, S. 196) Die Versuche des Wartenden, sich in dem scheinbar endlosen, engen Raum zu verorten, simulieren die Situation des Kindes im Geburtskanal. Diese unbewußte Annäherung steht allerdings im Gegensatz zu den bewußten, verbalen Abwehrreaktionen des Neugeborenen im Text. Hier äußert sich Fremdheit und Verhaltensunsicherheit in abschätzigen Distanzierungsgesten, deren Bilder noch einmal an Brinkmanns frühes Vorbild Benn erinnern. So fehlt neben der brennenden Kerze »vor einer Madonnenstatue« (Erz, S. 191) der beziehungsreiche »Strauß Astern« nicht, der die Gebärstation mit dem Geruch der Morgue infiziert. In der Imagination des von dem Geburtsvorgang Ausgeschlossenen gleichen die Körper der Gebärenden ein letztes Mal dem der sterbenden Mutter: »Trotzdem kann er sich nicht vorstellen, daß hinter den Türen welche liegen, [...] schlaffe, erschlaffte, schwammige Körper, Frauenkörper, die unter den Bettdecken anschwellen, wieder abschwellen, anschwellen, abschwellen«. (Erz, S. 189) Dennoch endet die Erzählung mit einer versöhnlichen Vision, die das Ende des Flurs als Öffnung in einen utopischen Raum ins Auge faßt: »Der Flur liegt langgestreckt vor ihm, still, ein leerer Schacht, dessen Wände mit einer gelblichgrauen Lichtschicht überzogen sind, aus der ein wenig deutlicher die Türen sich hervorheben, weiß, cremigweiß, alle geschlossen, bis auf die am Anfang des Flurs, vor der sich eine hellere Lache Licht ausgebreitet hat.« (Erz, S. 199)

Die Erzählung *Das Lesestück* schildert die letzte Stunde eines Schultags auf dem Land. Die Schulstunde zerfällt in mehrere getrennte Realitätsebenen. Während ein Schüler unbeholfen das »Lesestück« vorliest, konzentrieren sich alle anderen im Klassenraum Anwesenden auf ihre jeweils eigene abgeschlossene Realität, die aus der Perspektive des seine Schüler beobachtenden Lehrers wiedergegeben wird. Zusammengeschlossen werden Schüler und Lehrer in dieser Situation dennoch durch eine untergründige Atmosphäre einer latenten sexuellen Spannung. Während einige Schüler mit dem Covergirl einer Illustrierten beschäftigt sind, verfolgt der Lehrer das nackte Bein eines Jungens »noch ein wenig weiter in die Hose hinein« (Erz, S. 110) und einige Zeit später die »leichten Schwellungen der Brust« (Erz, S. 113) eines jungen Mädchens auf dem Schulhof. Der »rote Faden« (Erz, S. 112) des Bluts, aus dem »Riß« (Erz, S. 110) auf dem Bein des Jungen und der Erzählfaden, der unter den Lesemühen des Schülers zu reißen droht, haben wenig mit einander gemein. Die Lebensrealität und das Lesen von Realität führen in der Erzählung eine getrennte Existenz. Versteht man das Lesen des Lesestücks als Metapher für das Schreiben, so verbirgt sich in ihr zum einen eine Bestimmung des Verhältnisses von Realität und Literatur. Zum andern beschreiben die Leseschwierigkeiten des Jungen den Vorgang des Schreibens bzw. die literarische Technik der frühen Erzählungen Brinkmanns: »Er hört, wie der Junge sich wiederholt, unsicher, stockend, aber den Anschluß nicht verliert und weiterliest mit durchhängender, schlaffer Stimme, langsam, leiernd, bis er zwei Sätze später sich schon wieder verheddert, mitten in einem Wort steckenbleibt, nicht weiter kann, ratlos ist, verwirrt in den Worten, den Sätzen herumsucht [...] er reißt das Wort auseinander, zerreißt es in einzelne Silben und Buchstaben, er buchstabiert es, es ist ein Gestammel geworden«. (Erz, S. 102) Weiter unten heißt es: »Wort für Wort, Satz für Satz, ein Satz nach dem anderen, alle Sätze aneinandergereiht, flach, eine Schnur, ein Faden«. (Erz, S. 103) Mit dieser Beschreibung kennzeichnet Brinkmann sein literarisches Verfahren. Die Erzählungen des Bandes zeichnen sich in ihrer Struktur durch einen additiven Reihungsstil aus, der durch die Verknüpfung assoziativer Eindrücke in Bewegung gehalten wird. In scheinbar endlosen Sätzen dominieren die Substantive als Assoziationswörter den Gedankenfluß, die durch immer neue Relativsätze locker miteinander verknüpft werden. So vereinigt z.B. die Erzählung *Der Riß* in ihrem ersten Satz alle zentralen Assoziationswörter »Stille, Flur, Licht« des Bandes, um im nächsten Satz dem durch die Blicke der Augen gesteuerten Gedankenfluß über die »Türen«, »das leuchtende[.] Weiß«, »die Hände« zurück zu den »Türen« (Erz, S. 182) in einer Kreisbewegung zu folgen. Dieses Vor- und Zurückspringen entlang den Objekten der unmittelbaren Umwelt kopiert das Verfahren der visuellen Wahrnehmung zur Orientierung in fremden, unbekannten Räumen. Ohne erkennbare Ordnungsprinzipien fällt der Blick wie zufällig auf einzelne oft weit von einander entfernte Gegenstände, hält sich an scheinbar belanglosen Details fest, springt hin und her oder ruht bewegungslos auf einem Gegenstand, als wolle er die Zeit stillstellen. Auf den literarischen Text übertragen läßt dieses Verfahren einen lose zusammengehaltenen Text entstehen, dessen herausragende Knotenpunkte einzelne Substantive, nicht aber eine kontinuierliche Erzählkonstruktion sind. In die Lücken zwischen den einzelnen, scheinbar zufällig wahrgenommenen Details fließen die Assoziationen des Schreibenden ein. Wie bei dem Assoziationsverfahren in der Psychoanalyse, von dem diese Texte ihre Tiefenstruktur beziehen, bilden sie den eigentlichen Text, den es zu entschlüsseln gilt.

»Raupenbahn«

Konsequenter noch als den ersten durchzieht das Todesthema den zweiten Erzählband *Raupenbahn*. Drei von fünf Erzählungen des Bandes machen den Tod und das Sterben zum zentralen Thema. Dreimal variiert der Band »Todesarten«, dabei geht es nicht um den ›natürlichen‹ Tod, sondern um den gewaltsamen, um Tötung (*Raupenbahn*) und Selbsttötung (*Ein Vorfall*) und Todesphantasien (*Spät*). Das zweite untergründige Thema, das mit dem des Todes korrespondiert, bildet wie bereits in dem ersten Erzählband die Sexualität. Tod und Sexualität werden auch hier zu einer unverbrüchlichen Einheit eines Gewaltzusammenhangs verbunden, von dem die Erzählungen besessen sind. Der Todesthematik entspricht die Struktur der Texte. Mit ihr werden alle gültigen Ordnungsprinzipien außer Kraft gesetzt oder in Frage gestellt. Das Ereignis des Todes prägt den Texten sein Muster ein. Traditionelle Erzählmuster sind in diesen Texten nicht mehr anzutreffen. Vielmehr lösen sie alle ordnungstiftenden Prinzipien des Erzählens wie Zeit, Raum und handelnde Personen auf. Ihr entscheidendes Merkmal ist das für den Leser irritierende, unmerkliche Springen zwischen Raum- und Zeitbezügen, Erzählebenen und -perspektiven. Dies gelingt durch die Adaption filmischer Darstellungstechniken. Hier macht sich der Text die besonderen Fähigkeiten des Films zunutze, der die vielfältige und pausenlose Arbeit des Bewußtseins wie des Unbewußten problemlos in Bilder verwandeln kann. Erinnerungen, Träume, Visionen, Halluzinationen und Obsessionen parallelisiert er auf einer einzigen Zeitspur. Der Film überträgt die Methoden der Psychoanalyse in wahrnehmbare Bilder. Dies hat er dem Text voraus. Brinkmanns Texte sind durch die Schule dieses Mediums gegangen und erschließen dem Text dadurch neue Möglichkeiten. Das entscheidende und verwirrende dieser fremden Technik besteht darin, daß selbst der im filmischen Sehen geschulte Leser die vertrauten Techniken im literarischen Text nicht wiedererkennt. Nur wenn der Text in Bilder zurückübersetzt wird, gewinnt er an Gestalt. Nicht der harte Schnitt, das cut-up der späteren Jahre ist hier vorherrschend, sondern der weiche, fließende, kaum wahrnehmbare Übergang, der den verschiedenen Überblendungstechniken des Films nachgebildet ist.

Die erste Erzählung des Bandes kann als Einübung in dieses neue Verfahren des Textes gelesen werden. *In der Seitenstraße* protokolliert die Beobachtungen und Gedankenströme eines Mannes, der vor einem Lebensmittelladen auf seine Frau wartet, die im Laden Einkäufe erledigt. Der unbeteiligte Blick des Mannes durch das

Schaufenster in den Laden treibt in ihm eine Erinnerung an eine strukturgleiche Beobachtungssituation hervor. Es ist der Blick des Voyeurs, der zugleich derjenige der Kamera ist. Die Spannung des Textes besteht darin, daß Gegenwartsbeobachtung und Erinnerung nicht explizit als solche gekennzeichnet werden, sondern durch geschickte Überblendungen ineinander verschwimmen. Im Bewußtseinsstrom, den der Filmtext nachschreibt, sind beide ungetrennt, die Käuferin im Laden verschmilzt mit der sich entkleidenden Frau, die der Jugendliche im gegenüberliegenden Haus beobachtet hatte, zu einer Person. Hier sind sie keine getrennten Personen, sondern auslösende Objekte der sexuellen Obsessionen des Betrachters. Von Schaulust als Motiv des Schreibens sprechen diese Texte ganz nebenbei. Es ist der ungestillte »Heißhunger« (Erz, S. 208), die bis ins unermeßliche gesteigerte Vorlust, die sich im Text eine andere Befriedigung sucht. Dem Voyeur und dem Schriftsteller ist sie Selbstzweck, die Augenlust tritt an die Stelle unmittelbarer Bedürfnisbefriedigung. Wo der Blick nicht aus dem Paradox distanzierender Teilnahme, der Überschreitung von Intimitätsgrenzen und deren gleichzeitiger Wahrung seinen Lustgewinn zieht, wo er in Wildheit explodiert, dort entlädt er sich im Gewaltakt, den die *Raupenbahn* zum Thema macht.

In der Titelerzählung des Bandes hat Brinkmann den Vechtaer Jahrmarkt zum Ort des Geschehens erhoben. Hier wird er zum großen Tableau der bundesrepublikanischen Provinz der späten 50er und frühen 60er Jahre. Wiederum dominieren Gewalt und Tod das Bild der Provinz in Vergangenheit und Gegenwart. Die zwei Geschichten, die die Vechtaer Landschaft erzählt, kreisen um den gewaltsamen Tod, einmal um die Erschießung eines Soldaten in den letzten Kriegstagen, zum anderen um den Sexualmord an einem jungen Mädchen. Dabei geht es nicht um eine moralische Verurteilung der jeweils einzelnen Täter, sondern um die Abrechnung mit einer Gemeinschaft, deren integraler Bestandteil das Verbrechen ist. Mit der Ausgrenzung des Verbrechers negiert die Gesellschaft dieses Faktum. Der Text führt das Getrennte wieder zusammen. Durch seinen mehrfachen Wechsel der Erzählperspektive, der Zeitebenen und handelnden Personen erhält er eine Dimension des Unbestimmten. Weder der Täter, das Opfer noch die Tat selbst können genau identifiziert werden. Vielmehr hält der Text alle diese Faktoren der Eingrenzung und Ausgrenzung in der Schwebe, die dem Verbrechen das Bedrohliche nehmen. Damit wird der Leser in das Verbrechen hineingezogen, er wird, den Gewaltphantasien des Textes ausgeliefert, zum Mittäter. Es sind auch seine eigenen Gewaltphantasien, die der Text als Blick in den Spiegel sichtbar macht.

Wenn die Erzählung zu Zweidritteln aus der Perspektive des Täters den Tatort Vechta und seine Umgebung beschreibt, so dient dies nicht nur einer genauen Nachzeichnung der Täterpsychologie, sondern kann gleichzeitig als Identifikation des Autors mit dem Blick des Täters als einem gesellschaftlichen Außenseiter verstanden werden. Der Täterbeschreibung am Anfang der Erzählung liegt ein Selbstporträt des Autors zugrunde: »das kurzgeschnittene Haar, schwarz, links gescheitelt, das etwas dickliche Gesicht mit den buschigen Augenbrauen, dem weichen Mund und der ebenso weichen, verschwimmenden Kinnpartie, der unauffällige, graublaue Straßenanzug«. (Erz., S. 269) Mit kompromißloser Aggression und gewaltsamen Störmanövern reagieren beide auf die scheinbare Intaktheit und Funktionstüchtigkeit der kleinstädtischen Gesellschaft. Ihre Verletzung ist das Ziel des Gewaltverbrechers wie des Autors, mit der sie auf die eigene Verletzung aufmerksam machen wollen. Eine bewußte Provokation an die Adresse des kleinbürgerlichen Spießertums und der bürgerlichen Wohlanständigkeit hat Brinkmann, der selbst aus der Vechtaer Gesellschaft wie der Kriminelle ausgegrenzt worden war, mit seinem Heimattableau als Ort des Verbrechens intendiert.

Der Sachverhalt, der zum Auslöser des Verbrechens wird, zieht sich wie ein roter Faden durch das gesamte Werk Brinkmanns. Es geht um ein gestörtes Verhältnis zur Sexualität, deren Symbol die Raupenbahn ist. Sie ist der Ort der Heimlichkeit, in dem für kurze Momente, wenn sich das Verdeck schließt, die Jugendlichen ihre ersten sexuellen Erfahrungen austauschen. Sexualverdrängung bei gleichzeitiger sexueller Überdeterminierung des gesamten Alltagslebens kennzeichnen das Erscheinungsbild dieser Gesellschaft. So bilden die kindliche Unversehrtheit und Unschuld demonstrierenden Mädchen mit den männlichen Gewaltphantasien die zwei Seiten ein und derselben Münze. Opfer- und die Täterrolle werden hier vorgeprägt. Mit ihrer ausgewählten Kleidung, den gestärkten Blusen, dezenten Pullovern, Faltenröcken und den farblich passenden Kniestrümpfen signalisieren die Mädchen ihre Unversehrtheit als Berührungsverbot, das im männlichen Gegenüber Unterwerfungsphantasien weckt. Als Geschlechtsrollenzuschreibungen von männlicher Penetration und weiblicher Unterwerfungsbereitschaft prägen sie ein Sexualverhalten, dessen Gewaltzusammenhang im Sexualmord konsequent zu Ende geführt wird: »Widerstandslos nahm es die Schläge hin, in sich erschlafft und gleichsam dem hingegeben, wie um durch seine Widerstandslosigkeit, seine körperliche Entspanntheit die Wucht der Schläge zu mildern, die heftiger wurden und schneller aufeinander folgten, besinnungslos und ungenau.« (Erz, S. 278) Weiter unten heißt es: »Die Schläge waren ziellos und unbeherrscht, von einer blinden, eifernden Erregung gelenkt, da sie nicht abgewehrt wurden. Jeder Schlag schien eine Befreiung zu bedeuten«.(Erz, S. 324) Schon dem Kind wird die Rolle der permanenten sexuellen Stimulation des Mannes auf den Leib geschrieben. Unerreichbares, verbotenes Objekt der Begierde zu sein, macht seine »Überlegenheit« aus: »Sie [die Arme] waren noch an jeder Stelle von einer Männerhand leicht zu umschließen, absichtslos, wie um einer Bemerkung, einer Zusprache mehr Gewicht zu geben oder dem Mädchen nicht die Macht deutlich werden zu lassen, eine Überlegenheit, die nicht in körperlicher Kraft und Stärke lag, sondern gerade in dieser Schwäche, dieser Zartheit und offenkundigen Zerbrechlichkeit seiner Arme, seiner Gelenke«. (Erz, S. 277) Die Erzählung entindividualisiert die Mädchen, tauscht sie fast unmerklich gegeneinander aus. Nur in Nuancen ihrer Kleidung unterscheiden sie sich von einander. Sie werden zum Typus des weiblichen Geschlechts. Ihre Gemeinsamkeit besteht in ihrer Opferrolle, die sie nicht nur im Blick des Täters einnehmen. Sie alle sind Abziehbilder des einen Reklamefotos, das die Erzählung am Anfang beschreibt. In dem Reklamebild werden jene sauberen, gesunden Mädchenbilder als Objekte des Begehrens entworfen, deren scheinbar geschlechtslose Körperlichkeit im Blick des Täters sexuell besetzt wird. Die Armbeuge, die in der Phantasie des Täters zum Vaginalsymbol wird, weist ein letztes Mal auf die Verletzung des Autors zurück. Der Zartheit und Verletzbarkeit des Kinderarms, der zum Auslöser der gewaltvollen Entladung wird, steht noch einmal das Bild des krebszerfressenen Arms der Mutter als sein Negativ gegenüber.

Ein Vorfall dramatisiert einen Zeitungsbericht über einen Feuerwehreinsatz. Die Erzählung rekonstruiert die Ereignisse um die Entdeckung eines Suizids aus einem Zeitungsfoto. In dem Bericht über den routinemäßigen Feuerwehreinsatz, wie in den Beobachtungen der schaulustigen Menschenansammlung vor dem Ort des Geschehens bleibt das zentrale Ereignis selber ausgespart. In seiner Struktur allerdings ist der Tod als »Filmriß« präsent. Die Irritation des Lesers rührt zunächst daher, daß die Erzählung zum einen weder einen Erzähler noch einen Protagonisten der Handlung hat und zum anderen die Chronologie der Ereignisse verwirrt. Das Kameraauge ersetzt hier konsequent den Erzähler. Wie im Film verschwindet der Erzähler hinter dem Apparat, dem omnipotenten, künstlichen Wahrnehmungsorgan. Das Kameraobjektiv als dem menschlichen Auge überlegenes Medium potenziert und revolutioniert die beschränkten Möglichkeiten des menschlichen Sinnesorgans. Unmerklich lenkt es den Blick des Betrachters und öffnet ihm die Augen. Folgt man dem Auge der Erzähler-Kamera, so nähert sich ihre Fahrt von der Peripherie. Vom Straßenbelag richtet sich ihr Blick auf zu einer Häuserfront, dringt durch ein Fenster in ein Wohnzimmer, fährt die Details der Einrichtung ab, schwenkt in das nebenliegende Wohnzimmer des Nachbarhauses, um schließlich auf dem Zeitungsfoto stillzustehen. Die Kamera belebt nun die tote Fotographie und erzählt die Geschichte des Zimmers nach, in dem sie auf die Zeitung gestoßen ist, um sich am Ende auf dieselbe Art zu entfernen, wie sie sich zu Anfang angenähert hatte. Brinkmanns literarisches Programm vom »Film in Worten« als nachgelieferte Theorie zu seinen frühen Erzählungen, hat er in diesen Erzählungen am konsequentesten ausgeführt. Der Text unternimmt den Versuch, Lesen wieder in Sehen zurückzuführen. Der Versuch, Sprache als verlängertes Sinnesorgan des Menschen einzusetzen, stößt auf Widerstände. Zu monokausal, abstrakt und selbständig ist ihre Struktur, um die Unmittelbarkeit des Sehens einholen zu können. Daß Sprache kein Wahrnehmungsorgan ist, wie es die im Entstehungszeitraum des Bandes modischen Literaturkonzepte eines neuen Realismus behaupteten, macht dieser Text nebenbei deutlich.

Spät verfolgt mit den Mitteln des Films den Protagonisten der Erzählung in wechselnden Bewußtseinszuständen zwischen Wachsein, Wachtraum und Traum, wobei die Übergänge von einem Zustand in den anderen fließen. Den abrupten Wechsel von einem Zustand in den anderen vollzieht das Auge des Protagonisten durch eine Schwarzblende. Aus dem Dunkel der Nacht tauchen die vertrauten Einrichtungsgegenstände des Zimmers schemenhaft als bedrohliche schwarze Objekte auf, die erst über eine langsame Schärfenfahrt des Auges Konturen annehmen und identifiziert werden können. Um sich in Raum und Zeit zu verorten, vollzieht das Bewußtsein des Protagonisten immer wieder eine solche Schärfenfahrt, bis sich der Ort seines Traums als Leichenhalle zu erkennen gibt. Im Schlaf springt der Protagonist auf der Zeitspur wie in einem Film zurück, wechselt die Identität, wird zum Kind, das er einmal war, verbindet Vergangenheit und Zukunft und schaut als Kind durchs »Schlüsselloch« der Zeit seinen eigenen Tod: »Immer gab es nur den durch das Schlüsseloch begrenzten Ausschnitt, in dem in der Mitte der mit gekräuseltem Kreppapier ausgeschlagene rechteckige Kasten aufgebockt war mit dem hochgebetteten Kopf, die Haare sorgfältig frisiert und gescheitelt, die Augen tief nach innen gedrückt und sehr groß die Nasenlöcher über den halbgeöffneten Lippen, eingehüllt das Gesicht von diesem stillstehenden, weißlichgrauen Licht, das draußen die Luft mit einem gläsernen Flirren und Flimmern erfüllte, durchsichtig das Zittern über dem Asphalt, eine grelle, weiße Helligkeit, die die Straße länger und weiter erscheinen ließ.« (Erz, S. 250f.) Wenn das Bild des Todes im Verlauf der Traumarbeit zunehmend an Schärfe gewonnen hat, so gibt es zuletzt seine Herkunft zu erkennen. Es ist die Totenhalle in der Heimatstadt des Autors, die für das Traumbild das Modell liefert. Bereits in der ersten Traumsequenz deutet der Tod seine Nähe an. Der angehaltene Traumfilm, das Standbild, verkörpert seine Gegenwart: »Er [der Junge] war mitten in einem Spiel unterbrochen worden, wie seine Haltung zeigte, ohne daß sie zu erkennen gab, was es für ein Spiel oder eine Bewegung gewesen war, vermutlich etwas sehr Einfaches, leicht Erklärliches, was zur Gewißheit wurde, je länger das Bild dauerte«. (Erz, S. 236) Die Todesangst, die den Protagonisten zwischen Wachen und Schlaf in der Nacht überfällt, hat ihren realen Hintergrund in der unverarbeiteten Todeserfahrung des Jungen mit dem Tod der Mutter, die er in seinen Träumen aus der Kinderperspektive wiederholt. Ihre latente Bedrohung wendet er zuletzt in der Phantasie des eigenen Todes gegen sich selbst.

»Die Bootsfahrt«

Von kriminellen Phantasien und Energien, der Normalität und Alltäglichkeit des Verbrechens spricht die Erzählung Die Bootsfahrt. Der Mordverdacht, den die Frau gegenüber ihrem Ehemann äußert, zerstört die scheinbare Ruhe ihres Rentnerdaseins. Mit seiner Äußerung hat die Frau die Grenze des Stillhalteabkommens zwischen den Partnern überschritten, ihr Verdacht entlarvt die gemeinsame Lebenslüge. Das imaginäre Verbrechen, das als Muster abweichendes Verhalten auch Grenzen der Wahrnehmung einreißt, wird in der Erzählung zum neuen Erkenntnismodus, der die Wahrheit über die Beziehung der beiden alternden Eheleute hervortreibt. Die Erzählung mag u.a. durch das selbstgerechte Klima in Brinkmanns Heimatstadt angeregt worden sein, in der im unmittelbaren Stadtzentrum an der Mauer des Frauengefängnisses - einer der drei Strafvollzugsanstalten Vechtas - ein Verbotsschild angebracht ist, das heute noch den Einwohnern die Kontaktaufnahme mit den Gefangenen untersagt.

»Was unter die Dornen fiel«

Vor den ersten beiden Erzählbänden entstanden in den Jahren 1959 bis 1961 bereits kleinere Prosastücke, die der 1985 erschienene von Maleen Brinkmann herausgegebene Sammelband seiner Prosa zum ersten Mal veröffentlicht. Die Texte können als Vorstudien zu den späteren Erzählungen gelesen werden, da sie um dieselben Themen, die Auseinandersetzung mit der Heimatstadt Vechta in der norddeutschen Provinz (*Erinnerungen an eine Landschaft*), die Entfernung von der ersten Liebe (*Ihr kleines Gesicht*) und die Verständigungsschwierigkeiten innerhalb der Beziehung zwischen den Geschlechtern (*Fast eine kleine Szene*) thematisieren. In *Guten Tag wie geht es so* stilisiert sich Brinkmann in der Rolle des Schriftstellers als enfant terrible und Bürgerschreck. Mit dem Gestus des Müßiggängers attackiert er die Wertetrias von Fleiß, Ordnung und Sauberkeit des deutschen Kleinbürgers, indem er die Klischeevorstellung von der verwahrlosten Bohemeexistenz des Künstlers reproduziert. *Früher Mondaufgang* literarisiert eine Kindheitserinnerung, in deren tragischer Wendung sich bereits der Grundtenor aller späteren Kindheitsmotive andeutet. Keine behütete Kindheit führt Brinkmann mit dem Tod des Jugendfreundes auf dem Abbruchgelände vor, sondern unterlegt ihr bereits hier jene Todesdrohung, die fortan seine erinnerte Lebensgeschichte wie ein roter Faden durchzieht. Den realen Hintergrund für diese Erzählung schildert Brinkmann in den *Erkundungen*: »Norddeutsche Kleinstadt um 1952: ein leerer, öder Sonntagnachmittag im Frühjahr. ›Havanna‹ [...] hat eine Tante an der Hauptstraße, die einen Papier- und Tabakwarenladen besitzt. Sie besuchen diese Tante und essen Kuchen. [...] Sie geht immer sonntags zum Friedhof. Und die Jungen wissen das. Sie warten so lange und täuschen Spiele vor. Dann sind sie allein in dem Haus und klauen Zigarren, Zigaretten, eine Flasche Schnaps. Sie verlassen das Haus und gehen auf den Dachboden eines baufälligen, brüchigen Hauses, dessen Wände noch mit einem Lehmgemisch und Reisiggeflecht gemauert sind[.] Sie rauchen und trinken. Rufe erschallen durch eine leere stille Abenddämmerung. Die Jungen sind besoffen. Durch den brüchigen Dachstuhl bricht das zersplitterte weiße Geblitze von Sternen.« (Erk, S. 113). Die frühe Erzählung phantasiert diese Kindheitsimpression in einem Bild des Schreckens zu Ende: »Sie wandten sich zum Flur hin und wollten sich im ersten Moment gar nicht bewegen, um dann alle zugleich sich in der Tür zu drängen, und Rainer sah noch, als er sich halb umwandte und zufällig, daß ganz nah und tief und volldotterigschwer der Mond am Fensterkreuz hing, [...] während er doch zur

Tür hingesogen wurde, er fiel zur Tür hin, sie drängten sich alle dort zusammen, die Beine, die Arme, und Heiner, Heiner war es gewesen: ein Torso, nur Rumpf, er war durchgebrochen, leblos-leicht, wie er dalag, ruhig, den Arm eigenartig abgewinkelt, er hatte sich wohl auffangen wollen, zuckte noch, die Dunkelheit war Abend, es röhrte, sie hatten schon kleine, tote Vögel so liegen sehen.« (Erz, S. 404)

Der drastisch-expressive Sprachduktus dieser frühen Texte entlehnt sein Vokabular häufig den frühen Gedichten und gefällt sich in provokanten Verletzungen sprachlicher Tabugrenzen. Expressionistische Sprachgewalt, blasphemische Provokationen mischen sich hier mit kraftvollen Männlichkeitsgesten, die am Ende von *Ihr kleines Gesicht* (Erz, S. 362) an Brechts *Marie A.* erinnern.

Kurzprosa 1965 – 1967

Brinkmanns Prosa wurde nach ihrem Erscheinen sehr schnell von der Literaturkritik dem »Kölner Realismus« zugeschlagen. Mit dieser Etikettierung berief sich die Kritik auf Dieter Wellershoffs kurze, vorläufige Stellungnahme zu seinem Arbeitsprogramm als Lektor des Kiepenheuer und Witsch-Verlags, das junge, wenig bekannte Autoren einem größeren Publikum zugänglich machen sollte. Die neue Tendenz innerhalb der Literatur, die Wellershoff hier auch für den deutschen Sprachraum ausmachte, charakterisiert er mit dem antimetaphysischen Gestus dieser Texte, die »an Stelle der universelle[n] Modelle des Daseins [..] den sinnlich konkrete[n] Erfahrungsausschnitt« setzen und sich neuer literarischer Verfahren wie der »subjektive[n], begrenzte[n], momentane[n] und bewegte[n] Perspektiven, dem Wechsel zwischen Nah- und Fernsicht, Zeitdehnung und Zeitraffung« bedienen. Seine knappen Thesen, die er im halböffentlichen Forum der Hauszeitschrift des Verlags mit den Photos von sechs jungen Autoren, darunter auch Brinkmann, illustrierte, brachten Wellershoff den hartnäckig tradierten Ruf des Gründers einer neuen literarischen Schule ein. Der Begriff eines neuen Realismus verfehlt allerdings zumindest Brinkmanns literarisches Programm, das er zu jener Zeit gerade als Antithese zu den Realismusforderungen in den beiden deutschen Literaturen der sechziger und siebziger Jahre verstand. Vielmehr fand er wie auch sein Mentor Wellershoff ein Vorbild in der Theorie des nouveau roman. In seiner Abrechnung mit der deutschen Kulturszene, der er anläßlich der von L. Fiedler ausgelösten Literaturdiskussion über den Begriff der Postmoderne ihre Befangenheit und Borniertheit in der eigenen Tradition vorwarf, dokumentiert er unter anderem auch seine genaue Kenntnis und Hochachtung des Werks von A. Robbe-Grillet: »Ich erinnere mich an einen ähnlichen Vorgang, der gegen ›deutsche Art‹ im ›Kulturwesen‹ spricht, wie er sich nun wieder abzeichnet anläßlich des Fiedlerschen Anstoßes. Das war, als in Frankreich der nouveau roman sich durchsetzte und zaghaft hier Verständnis zu finden hoffte, als Robbe-Grillet seine Theorie darlegte: Wie stur und gewiß differenziert man dagegen argumentierte, wie plump man dasaß und auf etwas glotzte, das ›Literatur‹ weiter vorantrieb als vergleichsweise der hochgelobte, harmlos-einfältige Peter Bichsel«. (Angriff) Robbe-Grillets Romantheorie wandte sich gegen die Überfrachtung der sichtbaren Welt mit einer ihr äußerlichen sprachlichen Bedeutung und entwickelte stattdessen ein Programm des rein subjektiven Blicks auf die Dinge und Geschehnisse der alltäglichen Umgebung. Die Konzentration des schreibenden Subjekts auf das, was ist, wurde zum Versuch, sich von alten, blind funktionierenden sprachlichen Strukturen und Sinngebungen loszuschreiben. Durch die Detailbesessenheit des Beschreibungsstils im nouveau roman sollte die Auslieferung an die »objektive« Wirklichkeit durchbrochen werden, um im scharfen Anleuchten des beliebigen Details die Ordnung der Dinge zu verwirren und neu zusammenzufügen. Von Robbe-Grillet sind auch Brinkmanns Experimente mit fotographischen und filmischen Verfahren in der Literatur inspiriert. Mit dem zentralen Begriff der Momentaufnahme, dem Standphoto stellt Brinkmanns Werk eine Beziehung zu Robbe-Grillets Arbeiten her, von dem er diesen programmatischen Begriff übernimmt.

Standbilder oder Aufnahmen mit feststehender Kamera hat Brinkmann mit seiner verstreut publizierten Kurzprosa aus den Jahren 1965 – 1967 geschaffen. *Nichts* arrangiert mit dem zerstreuten Blick des Straßencafebesuchers den Strom der vorbeiziehenden Masse an einem heißen Sommertag und setzt die flirrenden Bewegungen der Großstadtstraße zu der ruhenden Position des Betrachters in ein Spannungsverhältnis. *Nichts weiter* und *Das Alles* bilden Momentaufnahmen aus dem häuslichen Lebensalltag des Autors und können als Detailstudien zum späteren Roman angesehen werden. *Strip* und *Picadilly Circus* erinnern an die Warholschen Filmexperimente, die Brinkmann sehr schätzte und von denen er ebenso Anregungen für seine eigenen Kurzfilmprojekte wie für seine »Filme in Worten« fand. *Picadilly Circus* richtet wie die feststehende Kamera in Wahrhols achtstündigem Film *Empire* den Blick aus einer unveränderten Perspektive auf den Platz, der als westeuropäischer Times Square zum symbolischen Ort großstädtischen Lebens wurde. In diesen Texten schreitet die weit aufgezogene Kamera als objektives Erzählerauge die Umgebung ab, orientiert sich im Raum, indem es auch scheinbar bedeutungslose Gegenstände zueinander ordnet. Die kurzen Prosatexte lassen Leben zu Bildern erstarren, stellen das Interieur in den Vordergrund, hinter dem die Akteure verschwinden, die Dinge sprechen für sie und an ihrer Stelle. In ihnen scheint eine geheime Bedeutung verborgen, die der Kamerablick freizulegen versucht. *Der Auftrag* liest sich wie ein Drehbuchfragment zu einem Kriminalfilm. Brinkmann zitiert hier bekannte Motive dieses Genres, angefangen von den schäbigen, alten Einrichtungsgegenständen in einem drittklassigen Hotelzimmer bis zu den an Hitchcock angelehnten Plot des Textes, den Schüssen unter der Dusche. Bilder statt sprachlicher Vorstellungen produziert dieser Text, wenn er wie im Film einzelne Gegenstände im Raum als Bedeutungsträger anordnet. Der Text realisiert so die Einstellung einer Filmszene, in der ein Verbrechen geschieht. Neben der detaillierten Beschreibung des Bühnenbilds ergänzen genaue Angaben zur Beleuchtung und Einrichtung des Tons die Gestaltung der Szene. Mit dem grellen Sonnenlicht, das die einzelnen Gegenstände scharf anleuchtet über die Motorengeräusche, die als O-Ton der gesamten Szene unterlegt sind bis zu der Stimme Frank Sinatras umreißt der Text eine klassische Atmosphäre des Verbrechens, die der geschulte Kinogänger als Leser sofort wiedererkennt. Der Text selbst weist an verschiedenen Stellen auf die Künstlichkeit des Arrangements hin. Er läßt den Leser über sein Verhältnis zur Realität bewußt im Zweifel. Ob es sich hier um die Beschreibung oder die Rekonstruktion der Umstände eines tatsächlichen Verbrechens handelt oder ob es sich hier um eine Fiktion, einen Wachtraum, den Ablauf eines inneren Films handelt, läßt der Text offen. Die Verwirrung von Realität und Fiktion hat Brinkmann als Faszinosum der Warholschen Filme in einem kurzen Statement zu *Chelsea Girls* in der Kölner Rundschau vom 28. 12. 1968 beschrieben: »Beim ›Leben‹ mit diesem Film (während er abläuft) löst sich unmerklich das vorgegebene Empfinden von der angenommenen eigenen Realität auf – die Unterscheidung, was imaginär ist, das auf der Leinwand Projizierte oder man selbst, verwischt sich . . . in einer permanenten Fluktuation scheint mal das außen Gezeigte auf der Leinwand, mal man selber imaginär . . .«.

Die Erzählung *Am Hang*, die für den von Walther Karsch herausgegebenen Erzählband *Porträts. 28 Erzählungen über ein Thema* entstand, ist mehr als ein Porträt des alten Mannes, der bundesdeutsche Nachkriegsgeschichte schrieb. Nicht die Person Konrad Adenauers, dessen Name die Erzählung verschweigt, dagegen aber den Namen von einem seiner Gärtner im letzten Satz überliefert, steht im Zentrum des Textes. Keine Geschichte der großen Ereignisse und Namen schreibt Brinkmann hier, sondern spielt wie den großen gegen den unbekannten Namen den scheinbar peripheren privaten Raum gegen den öffentlichen der großen Staatsaktionen aus. Dieser Text sieht genau hin und fördert aus dem Bekannten und Vertrauten, ein fremdes Bild zutage. Mit dem Greis, dessen Physiognomie der sezierende Blick schonungslos bloßlegt, entzaubert er ebenso wie mit der Beschreibung der bedrückenden Atmosphäre bürgerlichen Wohlstands in der Rhöndorfer Villa am Rheinhang den Mythos vom deutschen Wiederaufbau. Die sichtbare Oberfläche der Welt der Dinge wird zur Signatur der Adenauer-Ära. In dem privaten Mikrokosmos der »ländliche[n] Villa aus der Zeit zwischen dem Ersten und Zweiten Weltkrieg« (F.i.W, S. 52) umgeben von der gepflegten, parkähnlichen Gartenanlage spiegeln sich die Ziele und Wertorientierungen der deutschen Nachkriegsgesellschaft. Die Familienideologie des Kleinbürgertums und sein Traum vom eigenen Heim als Zielorientierungen der westdeutschen Gesellschaft finden hier ihr pompöses Modell: »Er sagt, ich wollte Notar werden, und zwar möglichst Notar auf dem Lande. Ein langes Leben gibt den Menschen die Möglichkeit, Erfahrungen zu sammeln. Ich wußte aus eigener Erfahrung, was ein Haus und ein Garten für eine Familie bedeuten, erinnert er sich.« (F.i.W, S. 49) Die Rosenzucht und die Putten der Gartenanlage wie die Innenarchitektur des Hauses karikieren den Konservatismus der Adenauer Ära. In dem grundlegenden politischen Bekenntnis zu Kirche und Staat als Garanten für »Recht, Ordnung und Maß, Würde und Freiheit der Person« (F.i.W, S. 53), das der Text am Ende kolportiert, äußert sich unverhohlen die politische Position des Kalten Kriegers. Brinkmanns Adenauer-Porträt ist ein heimlicher Schlüsseltext, in dem in verschlüsselter Form die Leiden seiner Kindheit und Jugend, von denen sein Werk immer wieder spricht, personifiziert werden.

Talking about my generation I

»Keiner weiß mehr«

Mit seinem ersten Roman hat Brinkmann gleich mehrere literarische Grenzen überschritten. Bereits seine frühen Prosatexte hatten mit dem thematischen Schwerpunkt der Kindheit und Jugend in der norddeutschen Provinz starke autobiographische Züge getragen. Mit seinem Roman setzt er diese Tendenz fort und unternimmt einen weiteren Schritt der Entfiktionalisierung seines Schreibens. In dem beredten Bewußtseinsstrom, mit dem der Roman die Krise einer jungen Familie thematisiert, reflektiert Brinkmann seine Kölner Situation des Herbstes 1967. Das Zusammenleben der Partner nach der Heirat und der Geburt des Sohnes mit wechselnden Freunden in der Kölner Wohnung dokumentiert die Situation seiner Generation kurz vor ihrem Aufbruch im Jahr 1968. Es ist ein Roman über den deutschen Alltag in der Mitte der sechziger Jahre. Erstarrung und Lähmung kennzeichnen die Situation, verkrustete Beziehungsstrukturen und personale Abhängigkeiten prägen das Binnenklima der Kleinfamilie. Zumutend bis an die Grenzen des Erträglichen beschreibt der ungefilterte Gedankenfluß des Protagonisten seine Kreisbewegungen. Im Bett liegend, untätig in seinem Zimmer oder am Küchentisch sitzend, hält der Protagonist nur noch seine Gedanken in schwacher Bewegung. Sonst bewegt sich nichts. Seine stillgestellte Entwicklung verdoppelt der Bewußtseinsstrom zu konzentrischen Kreisen um das Ich: »Gerede, Gerede, fortlaufend im Kreis um sich selbst drehend ohne viel Sinn oder einen anderen als eben den, sich wieder zusammen zu unterhalten, wie es ging und was los war, was es Neues gab, es gab nichts Neues, jeder hatte etwas gesehen, etwas erlebt, sich beschäftigt mit dem, was gerade da war, einem Film, einem Buch, Bildern, aus Zeitschriften ausgeschnitten, mehr nicht, das war so oder nicht so«. (K.w.m, S. 30) Am Ende konstatiert er, »daß es nichts mehr gab, keine Vorstellung, keinen Gedanken, keine Überlegung, die sie alle zusammen hätten verfolgen können, wie lange vorher einmal«. (K.w.m, S. 169) Die endlose Dehnung der Zeit im ereignislosen Alltag läßt die explosive Spannung erfahrbar werden, die dieser

Situation der Erstarrung inhärent ist. Den monomanischen Gedankenfluß, mit dem der Protagonist seine stillgestellte Entwicklung in allen Facetten ausleuchtet, durchbrechen immer wieder aggressive Entladungen und gewaltvolle Destruktionsphantasien. Es sind hilflose Ausbruchversuche, die unmittelbar wieder einmünden in den fatalen Kreislauf der an die Situation gefesselten Gedanken. »Oh no, no, no«, heißt das Motto des Romans, einem Zitat aus der Rolling Stones LP *Between the Buttons*. Unversöhnlich und kompromißlos äußert sich die radikale Ablehnung der aufgezwungenen Lebenssituation in der Kleinfamilie. Mit der rückwärtsgewandten Phantasie brutalster Abtreibungsmethoden, mit denen er auf die Anwesenheit des Kindes reagiert, den Haßausbrüchen gegen die Ehefrau, die in Prügel- und Vergewaltigungsszenen sich niederschlagen oder sie in der Phantasie zum Opfer eines Autounfalls werden lassen, schockiert Brinkmann den Leser und bricht damit ein Redeverbot, wenn er die alltägliche Gewalt in dem intimen Beziehungsraum veröffentlicht. Die Krise, in der sich der Protagonist befindet, kristallisiert sich immer wieder in seinem Verhältnis zur Sexualität. Seine sexuellen Obsessionen sind es, die den Dauerkonflikt mit der Partnerin spiegeln. Nach Brinkmanns Schwanken zwischen keuschem Moralismus und drastischen Tabuverletzungen in der frühen Prosa propagiert der Roman einen unbedingten Hedonismus, für den die sexuelle Befreiung, sprich die uneingeschränkte Befriedigung der männlichen Lust zur Formel für seine Selbstbefreiung wird. Das Programm des Hedonismus als einer Metapher für die Freiheit der Person, dem der Roman huldigt, bleibt männliche Potenzgebärde und Herrschaftsgeste, die erst das spätere Werk durchschauen und kritisieren sollte. Sex bildet im Roman die universelle Formel, die den alltäglichen Wortschatz metaphorisch besetzt hat. Nicht von ungefähr äußern sich die Destruktionsphantasien des Protagonisten mit der Sprache der Obszönität: »Deutschland, verrecke. Mit deinen ordentlichen Leuten in Massen sonntags nachmittags auf den Straßen. Deinen Hausfrauen. Deinen Kindern, Säuglingen, sauber und weich eingewickelt in sauberstes Weiß. [...] Das kulturelle Wort. Die kulturellen Wörter. Verreckt. Aus. Auch du, Hans-Jürgen Bäumler. Und du, Marika Kilius. Und du, Pepsi-Mädchen Gitte. Und du Palmolive-Frau. Und du, Luxor-Schönheit Nadja Tiller. Kölscher Willy. Unser Mann in Bonn. Onkel Tchibo auf Reisen. [...] Undwassonstnochalles, undwassonstnochalles, wassonstnochalles, wassonstnoch. Argumentieren lohnt sich schon nicht mehr. Zusammenficken sollte man alles, zusammenficken.« (K. w. m, S. 132 f.) Die pornographischen Passagen des Romans, die bewußt den ehelichen Geschlechtsverkehr

dem homosexuellen Akt, der Onanie und der Prostitution gleich-
stellen und so gültige Moral- und Wertvorstellungen verletzen, kulminieren in der Onanieszene nach der Ablehnung durch eine Pro-
stituierte auf der Reise des Protagonisten nach Hannover. In den
Visionen dieses rauschhaften Aktes, der alle Bezugspersonen des
Protagonisten in der Phantasie mit einschließt, äußert sich das
ursprüngliche Harmoniebedürfnis, der Anspruch auf universelle
Geborgenheit des Protagonisten. Tatsächlich gelingt ihm mit diesem
Akt eine monentane Lösung aus der Abhängigkeit von seiner Situation. Die Ablehnung der Prostituierten hat eine kathartische Wirkung, macht ihm seine eigene Situation deutlich und läßt ihn mit
einem neu erwachten Interesse an seiner alltäglichen Umwelt nach
Hause zurückkehren: »Da waren sie alle, dachte er, da. Rainer,
Gerald, sie, seine Frau, er selbst. Es war gar kein Grund da, das
hinter sich zu lassen, Gerald war kein Grund, nicht zurückzufahren, Rainer kein Grund oder sie, seine Frau, nicht zurückzufahren
und woandershin zu fahren und sich damit in eine andere Verwirrung zu stürzen, in der er sich zuerst sicher verlieren würde, völlig
unnütz, weil er es war, der nicht auskam mit sich, anderen gegenüber, auch ihr gegenüber, die er ganz einfach unter den anderen,
Rainer, Gerald, sitzen sah, schön, wie sie sich hergerichtet hatte«.
(K. w. m, S. 167f.) In diesem Moment des Zu-sich-selbst-Kommens
sagt er zum ersten Mal ich: »Das Gefühl ist total. Ein absolutes
Gefühl, das fertigmacht. Ein Moment der Freiheit. Der Heizkörper
summt und summt. Laß alles stehen und liegen und spring. Spring
doch endlich. Spring. Das Fluggefühl in der Sekunde des Ab-
sprungs ist das beste. Ich komme.« (K. w. m, S. 160) Diese kurze,
rasche Bewegung, in die der Roman und sein Protagonist am Ende
versetzt werden, mündet allerdings wieder ein in jene diffuse Orien-
tierungslosigkeit, die der gesamte Roman so wortreich zur Schau
stellt: »Einzelheiten, die Fakten überschaubar, aber nicht zu durchschauen, was die Bewegung anbelangte, die sich nun auch ohne sein
Dazutun fortsetzte, kein Fotoalbum, kein Film, der, rückwärts ab-
gespult, mit dem Anfang aufhörte.« (K. w. m, S. 170) Eine kontinuierliche Entwicklung gibt es weder im Roman noch bei seinem
Helden, höchstens einen kurzen Höhepunkt, den ekstatischen Augenblick als Sprung aus Raum und Zeit, dem allerdings die desillu-
sionierende Rückkehr in eine unveränderte Realität folgt: »Man
steigt eine Treppe hoch, eine Tür wird geöffnet und fällt ins Schloß,
ein Ruck, hier bin ich, hier bin ich, ich bin hier. Wooooo? Hiiiiier!
O 1979, alles ist besser geworden. Man könnte auf der Stelle sterben. Immerzu. Und sie kommt herein, er kann sie sehen und sagt:
GUTEN TAG !!! (K. w. m, S. 182) Diese letzte Hoffnung, der ein

ironischer Unterton nicht fehlt, sollte sich in doppelter Weise nicht erfüllen. In seinem späten Gedichtband zieht Brinkmann ein letztes desillusionierendes Resüme: »Der Entwicklungsroman, Köln, ist verreckt!« (Ww, S. 14)

Imaginationsräume.
Die Leinwand, der schwarze Kasten und das weiße Papier.
Gedichte 1968 – 1970

Poetologie

1968 rief Hans Magnus Enzensberger im Kursbuch auf dem Höhepunkt der Studentenbewegung den Tod der Literatur aus. Die kritische Literatur war von der politischen Aktion eingeholt worden und mußte sich ihre Wirkungslosigkeit bescheinigen lassen. Einen Ausweg aus dieser Legitimationskrise der Literatur, der die Überwindung ihrer »Alibifunktion« partiell ermöglichen würde, sah Enzensberger dort, wo sie ihren eigenständigen Kunstcharakter aufgab und sich in den Dienst politischer Praxis stellte. Dieses literarische Programm der Parteilichkeit sollte in den folgenden Jahren die literarische Szene beherrschen. Brinkmann zog dagegen ganz andere Konsequenzen aus dem historischen Datum. In seinen am Vorbild der amerikanischen Undergroundlyrik orientierten poetologischen Reflexionen formuliert er seine Antwort auf die These vom Ende der Literatur: »[...] der ›Tod‹ der Literatur kann bloß durch die Literatur selber erfolgen, indem Geschriebenes sich nicht mehr dem zuordnet. Also: aufhören über ›Literatur‹ zu reden ... Literatur, Literatur ... als ob es noch darum ginge. [...] es sind die Dinge, die sich bewegen.« (F.i.W, S. 236f) Den offiziellen Bruch mit den Statthaltern des deutschen Kulturbetriebs vollzog Brinkmann 1968 auf einer Veranstaltung der Berliner Akademie der Künste, als er die Literaturkritiker Rudolf Hartung und Marcel Reich-Ranicki mit einem abgewandelten Breton-Zitat attackierte: »Wenn ich ein Maschinengewehr hätte, würde ich sie jetzt niederschießen.« (Vanille, S. 129) In seinem großen, 1968 entstandenen Essay *Der Film in Worten* greift er Enzensberger als Exponenten einer politisch engagierten Autorengruppe mit der Hoffnung auf eine intellektuelle Revolution an: »Abfall, der sich häuft, Prospekte, Hauswurfsendungen – Laufmaschen, breiten sich aus und verschwinden unterm Rock, Rentner in langen Mänteln stehen vor den Kaufhäusern und verteilen Reklame für Hantelgymnastik und Karate-Kurse ... was verteilen literarische Rentner? Marxzitate? Gemeinplätze? [...] Bereits die dritte Variante eines Marx-Satzes ist lediglich Philologie wie der süßliche Schmelz des Technicolors mit der Musik

Henry Mancinis oder der Soundtrack von Dr. Schiwago im 3. Jahr hier in Köln...«. (F. i. W, S. 227) Setzte Enzensberger noch einmal auf die Wirkung rationaler Aufklärung, so verzichtet Brinkmann ganz auf jede politische Didaxe und entwirft stattdessen mit seinem literarischen Konzept das Modell einer Kunst und Leben vereinigenden Literatur, die auf eine individuelle Emanzipation und Befreiung abzielt, um damit zuerst die Voraussetzungen für gesellschaftliche Veränderungen zu schaffen. Dieses Konzept trug ihm die Feindschaft der Studentenbewegung ein, die ihn als politischen Schwärmer diffamierte, indem sie seine multimedialen Veranstaltungen in der Kölner Universität auf dem Höhepunkt der studentischen Revolte als apolitische Spielerei ablehnte. Brinkmann reagierte so auf die Legitimationskrise des Literaturbetriebs, die durch die Ereignisse von 1968 nicht mehr zu übersehen war, mit der Hinwendung zu der Tradition der Antikunst, die sich in Amerika über die Rezeption von Surrealismus und Dadaismus, vor allen Dingen aber über die Pop-Art längst als vorherrschende Kunstrichtung in der Literatur etabliert hatte. Leslie Fiedlers Diskussionsbeitrag über die postmoderne Literatur zu dem Freiburger Symposium *Für und wider die zeitgenössische Literatur in Europa und Amerika*, dessen Abdruck in der Wochenzeitung *Christ und Welt* eine kontroverse Debatte unter namhaften Literaturwissenschaftlern und -kritikern auslöste, veranlaßte auch Brinkmann zu einer nicht weniger aufsehenerregenden Replik, die emphatisch für Fiedlers Literaturkonzept Stellung bezog. Die Durchsetzung des Prinzips »Pop« in der amerikanischen Literatur begründete Fiedler nicht nur mit dem Rückgriff auf Genres der Massenkultur wie Western, Comic, Science fiction und Pornographie, sondern vor allem mit dem bewußten Abstieg der Kunst aus ihrem elitären Ghetto in die Niederungen massenwirksamer trivialer Medien. Brinkmann übernimmt in seinem Plädoyer für Fiedler den Begriff des »Pop« für seine eigene Literaturauffassung und qualifiziert ihn als Sammelbezeichnung für einen internationalen »Epochenstil«, dessen entscheidendes Kennzeichen er in der Destruktion des »abendländischen Kulturmonopols« sieht, indem er sich auf den »erreichte[n] Stand technisierter Umwelt [...], als ›natürlicher‹ Umwelt« (Angriff) bezieht. In der Pop-Art findet er das Vorbild für eine Kunst, die die technische Entwicklung neuer Kommunikationssysteme in sich aufnimmt und von ihrer qualitativen Veränderung traditioneller Wahrnehmungsstrukturen für die Entwicklung neuer Kunstformen zu profitieren sucht. Wie schon die Pop-Künstler sieht Brinkmann in der Expansion der elektronischen Technik die eigentlich verändernde gesellschaftliche Kraft der Gegenwart. So stehen die Auswirkungen der allumfassenden Informations- und Kommunikationszusammenhänge auf die kleinsten Mikrosysteme des täglichen Lebens im Brennpunkt seines Interesses. Hierzu gehört für ihn nicht nur der »selbstverständlich gewordene Umgang [...] mit Konsummitteln« und die Abrichtung auf die »Sättigung« erzeugter »Reizbedürfnisse«, (F.i.W, S. 234) sondern vor allen Dingen die »Bilderhäufung (Photographie, illustrierte Zeitungen, Film, zuletzt Fernsehen) [...], in der das Empfinden physischer Anwesenheit allgemein und zwangsläufig zunächst höchst unspezifisch neu bewußt und erweitert erfaßt wurde«. (F.i.W, S. 243) Die Veränderung der physischen und psychischen Disposition des Individuums beschrieb Marshall Mc Luhan in seiner zum Klassiker gewordenen Medientheorie mit der »Veränderung des Maßstabs, Tempos oder Schemas« (Die magischen Kanäle, S. 14) der menschlichen Wahrnehmung als eigentliche Botschaft des Mediums. Nach seiner Theorie strukturieren die Medien die menschlichen Sinne um, da sie das menschliche Zentralnervensystem nachbilden und »nach außen« verlegen. Das Medium wird zur »eigenen Haut«, mit ihm wird das »Zentralnervensystem zu einem weltumspannenden Netz«. (Die magischen Kanäle, S. 9) In diesem Sinne ist Brinkmanns Postulat von der »Ausweitung« der Kunst zu verstehen, die sich die Möglichkeiten der neuen, visuell dominierten Medien zunutze macht, um ein in sprachlichen Mustern erstarrtes Bewußtsein zu durchbrechen und »neue sinnliche Ausdrucksmuster« (F.i.W, S. 235) auszudifferenzieren. Diese neuen Wahrnehmungsstrukturen sind geprägt durch eine unmittelbare, sinnliche, d.h. nicht rationale Aufnahme des dargebotenen Reizes, der von dem Rezipienten eine direkte Beteiligung, ein intensives Einlassen seiner ganzen Person fordert. Der literarische Text soll so dem Leser als Folie für das Training seiner Erlebnis- und Wahrnehmungsfähigkeit dienen.

Brinkmanns zentraler Bestimmung von Literatur als dem »Film in Worten« liegt die Erfahrung zugrunde, daß mit der Entwicklung des Fotoapparats und der Filmkamera neue Darstellungsformen erschlossen wurden, deren Geltungsanspruch über ihr eigenes Medium hinausreicht. (vgl.Urbe) Seitdem durch die Kamera jeder Ausschnitt der Realität in vielfältigen und verwirrenden Perspektiven ins Bild gesetzt werden kann, gerät die unbewußt akzeptierte, hierarchische Anordnung der sichtbaren Welt ins Wanken. Die Trägheit des menschlichen Auges erfährt durch die Linse der Kamera seine Erweiterung. Brinkmanns Gedichte ahmen daher die Arbeitsweise der Kamera nach. Sie werden zur »Blitzlichtaufnahme« »sinnlicher Erfahrung«. (F.i.W, S. 249) Das Gedicht montiert konkrete Ausschnitte der alltäglichen Umwelt zu einer »Momentaufnahme« des Hier und Jetzt. Damit wird die »eigene Optik [...] durchgesetzt, *Zooms* auf winzige, banale Gegenstände [...], *Überbelichtungen*, *Doppelbelichtungen*, [...] unvorhersagbare *Schwenks* (Gedankenschwenks), *Schnitte*: ein image-track.« (F.i.W, S. 267) Der konkrete Moment des während des Schreibvorgangs Aufgenommenen verdichtet sich zu einer breiten Fläche aus mehreren, sich gegenseitig überlagernden Wirklichkeitsebenen. Das Gedicht dehnt sich nicht mehr vertikal, sondern horizontal aus; es splittert Gegenwart in ihre einzelnen Elemente und Ausschnitte auf, die gleichberechtigt und unverbunden nebeneinander stehen, um in vielfältigen Kombinationen wieder zusammengesetzt werden zu können. Diesem Schreiben liegt die Vorstellung zugrunde, daß Leben aus einem »komplexe[n] Bildzusammenhang« (F.i.W, S. 249) besteht. Damit trägt Brinkmann dem Faktum Rechnung, daß Umwelt nicht mehr als Geschlossene erfahrbar ist, in der ihre einzelnen Elemente auf ein Ganzes hin angeordnet sind, von dem aus sie ihren Sinn beziehen, sondern vielmehr eine Vielzahl von unabhängig von einander existierenden Reizungen und Sinneseindrücken eine momentane, ausschnitthafte und wandelbare Realität konstituiert. Dies findet seinen Ausdruck in der Struktur des Gedichts. Brinkmanns Gedichte bewegen sich nicht mehr kontinuierlich fort, sondern dehnen sich flächenmäßig aus. Sie brechen ab, setzen an anderer Stelle wieder ein, lassen Zwischenräume, verbinden die einzelnen Teile auf vielfältige Weise miteinander. Das »Kurz-Zeit-Gedächtnis« (F.i.W, S. 233) wird konsequent zum Strukturprinzip des literarischen Textes gemacht, wie es die Amerikaner mit ihren Texten vorführen: »collagenhaft, mit erzählerischen Einschüben, voller Erfindungen, Bild- also Oberflächenbeschreibungen, unlinear, diskontinuierlich... ein Raum, in dem herumzuspazieren einfach wieder Spaß macht und das gedankliche Arrangement von dergleichen Einfallsfülle ist wie der Gegenstand der Reflexion, ein zärtliches Treiben von winzigen Lichtpunkten auf einer Schalttafel, das Geflecht dünner Drähte, blau, grün, gelb, rot«. (F.i.W, S. 233)

Die Anregungen, die Brinkmann in der Mitte der sechziger Jahre von seinen amerikanischen Vorbildern bezog, bestanden in ihrer Öffnung der kulturellen Szene. Die amerikanischen Autoren, die Brinkmann in seinen beiden Anthologien *Acid* und *Silverscreen* dem deutschen Publikum vorstellt, erreichten durch die Inszenierung ihrer Literatur in Zusammenarbeit mit anderen Künstlern auf großen öffentlichen, nicht musealen Veranstaltungen die Konstitution einer Gegenöffentlichkeit. Mit neuen Vertriebsformen für Literatur knüpften sie bewußt an alte Traditionen der kollektiven, genießenden Rezeption an, die Literatur nicht nur zu einem sinnlichen Erlebnis, sondern auch zu einem praktischen Aktionsraum für Autoren und Publikum machen wollten. Literatur wurde zum integralen Bestandteil einer subkulturellen Gegenöffentlichkeit, die Schreiben als praktisches Handeln begriff und das Konzept einer literarischen Produktion vertrat, »mit dem Schreiben alles machen zu können, [was] die Realisierung eines winzigen Teiles befreiter Realität« (F.i.W, S. 240) ermöglichen sollte. Im letzten Gedicht des Bandes *Die Piloten* erläutert Brinkmann dieses Kunstverständnis: »Alle Gedichte sind Pilotengedichte / alle / Gedichte / öffentlich [. . .] und / so wie man / einen Schrank auf / einmal gelb / anstreicht // ist das / was / man / einen / gelben Schrank / nennt // schon / ein Gedicht«. (St, S. 276) Daß jede alltägliche Handlung zum Schreibanlaß dienen kann, darauf weist Brinkmann im *Gummibaum I* durch seine Anleitung zum Schreiben hin: »Oder Sie schreiben ein Backrezept für gut schmeckende Plätzchen auf. Das ist ein schönes Gedicht. Geben Sie noch 10 Gramm Pot dazu, dann werden die Plätzchen noch schöner und auch das Gedicht ›Plätzchen‹«. Autor und Leser stehen sich hier gleichberechtigt gegenüber, und die letzte Aufgabe des Schriftstellers ist es, sich selbst überflüssig zu machen, indem er seine Leser zum eigenen Schreiben anleitet. In *Ein unkontrolliertes Nachwort zu meinen Gedichten* läßt Brinkmann seine Vision von der Literarisierung des Alltagslebens durch die produktive Phantasie der vielen konkret werden: »Ich stelle mir eine Stadt mit Dichterlesungen vor, Wandzeitungen mit Gedichten, Gedichte, die an Haltestellen morgens verteilt werden [. . .]. Ich stelle mir eine Stadt vor, in der Dichter Schulkindern Gedichte schreiben beibringen«. (U.N, S. 240) Brinkmann hat dieses Konzept eines demokratischen Gebrauchs von Kunst 1969 zu realisieren versucht, indem er im Kreis mit anderen Autoren und Freunden eine literarische Zeitschrift *Der Gummibaum. Hauszeitschrift für neue Dichtung* herausgab. Diese hektographierten Hefte wurden außerhalb des offiziellen Literaturbetriebs vertrieben. Nicolas Born, Peter Handke, Ernst Jandl, Rolf Eckart John, Ralf-Rainer Rygulla, Günter Seuren und Dieter Wellershoff steuerten Texte bei. So formuliert Wellershoff im ersten Heft stellvertretend für die Herausgebergruppe das literarische Programm der Zeitschrift: »Stattdessen schlage ich vor, davon auszugehen, daß Schreiben, auch Gedichteschreiben, zu den möglichen Fähigkeiten aller Menschen gehört, wie Schwimmen, Nachdenken und Tanzen, und nur in einer Gesellschaft, die die Spontaneität der meisten zugrunde richtet, die Fähigkeit sich auszudrücken etwas Seltenes ist.« Wenn Schreiben nicht mehr über andere menschliche Tätigkeiten erhoben wird, so verliert auch die Autorenindividualität an Bedeutung. Dagegen wird die Praxis einer auf Kommunikation und Kooperation angelegten literarischen Produktion gesetzt. Brinkmann übernimmt diese Arbeitsweise der gemeinschaftlichen Produktion von seinen amerikanischen Vorbildern. Seine eigenen »Kollaborationen« mit Ralf Rainer Rygulla, Rolf Eckart John und Maleen Brinkmann sind ein Ausdruck für die bewußte Ablösung von einem Dichterverständnis, das den Autor als monadische Schöpferindividualität begreift. Indem Brinkmann das Schwergewicht von der Autorenindividualität und dem Werkbegriff auf die Produktion verlagert, kann er auch eine veränderte Beziehung zu dem Material der literarischen Tradition gewinnen. Das Plagiat, das Zitat und die Oberflächenübersetzung gehören zu den neuen literarischen Techniken, die den Produktionsbedingungen westlicher Industriegesellschaften folgend über alles vorhandene Material frei verfügen. Das Motto Ted Berrigans »Mach's neu und setz deinen Namen darunter« (F.i.W, S. 265) ist zugleich Ausdruck für die Bereitschaft, eine anonym gewordene Produktion zu akzeptieren, die kein Urheberrecht mehr kennt, wie Zeichen für die individuell verbleibende Freiheit über ein scheinbar grenzenloses Angebot von vorhandenem sprachlichem und bildlichem Material frei zu verfügen.

»Godzilla«

Godzilla ist der einzige Gedichtband Brinkmanns, der eine eindeutige thematische Einheit bildet. Dies unterstreicht auch die graphische Gestaltung des Bandes als visuelle Ergänzung der Texte, die den einzelnen Gedichten farbige Ausschnitte aus Werbebildern unterlegt. Der Band ist im Kontext der für die sechziger Jahre typischen Ausweitung und Vervielfältigung der Diskussion über Sexualität zu lesen. Unter den Schlagworten »Sexualbefreiung«, »Sexualökonomie« und »Sexwelle« institutionalisiert sich in diesem Zeitraum die öffentliche Rede über Sexualität. Brinkmanns Gedichte fassen die unterschiedlichen Erscheinungsformen des öffentlichen Diskurses über Sexualität in den Blick. Sexualität als Verkaufsmotor, als Warenimage, als Trivialmythos der Unterhaltungsindustrie, als Kampfformel politischer Kritik oder auch als Ausgrenzungen in Perversion und Gewalt heißen die Muster und Bilder des allgemeinen Bewußtseins, die Brinkmann in seinen Texten als beherrschende Kontrollsysteme über das Verhalten und die Wahrnehmung des einzelnen beschreibt. *Godzilla* kann als Gegenaufklärung zu der öffentlichen Rede über den Sex in den Sechzigern und als Kritik des diskursiven Zugriff auf eine der letzten Nischen von Intimität gelesen werden.

In *Von C & A* (St, S. 164) beschreibt Brinkmann eine alltägliche Umwelt, die mit sexuellen Symbolen und Reizen angefüllt ist, in der jedoch die sexuellen Wünsche und Phantasien des einzelnen mit einem ständigen Verbot belegt und an ihrer Realisierung gehindert werden, so daß am Ende nichts anderes übrig bleibt als eine Erinnerung an die sich nie erfüllende Verlockung der Ware. So endet das Gedicht in dem klaren, detailliert beschriebenen Bild eines »Netzhemd[es] aus // dem Sommerschlußverkauf / von C & A«, dessen lächerlich niedriger Preis genau angegeben wird. Die sexuelle Phantasie des Schreibenden entspringt aus der Reaktion auf einen optischen Reiz, dem »Haar, das // sich einrollt am äußersten / Rand, wo es feucht wird –« und mündet in der angedeuteten Vorstellung einer intimen Situation, deren Entfaltung sofort durch Selbstzensur unterbunden wird. Was zurückbleibt ist das Bild der an jedem Ort und zu jeder Zeit gegenwärtigen, optische Reize aussendenden Ware, deren sexuelle Stimulation die Vorlust bis ins Unerträgliche steigert, ohne diese Spannung jedoch in der Realität aufzulösen: »Die Körper warten auf eine / endlose Berührung, und zwei / Körper zusammen ergeben / schon einen Zusammenstoß.« Das aggressive Element in dieser Vorstellung wird zum Signum des unbefriedigten Bedürfnisses, wenn der Beobachter seine angestauten Energien in einem phantasierten, explosiven Ausbruch gegen seinen fiktiven Partner richtet. Das »Muster«, das sich im Innern abbildet, weist daher auch über das Warendesign hinaus und meint die verinnerlichten Muster sexueller Ausdrucks- und Wahrnehmungsformen.

Beschreibt Brinkmann in diesem Gedicht das sexuelle Gesicht, das die Ware annimmt, so kritisiert er in einem anderen mit dem ironischen Titel *Das sexuelle Rotkäppchen* (St, S. 179) den Warencharakter der Sexualität selbst. Der Einbruch marktwirtschaftlicher Gesetze in den Intimbereich, der gleichzeitig mit der Lockerung der Sexualmoral in den sechziger Jahren die Phantasien von der unbegrenzten männlichen Potenz entstehen ließ, fand seine Entsprechung in einem ganzen Markt als Zulieferer für sexuelle Lust- und Leistungssteigerung, den Brinkmann hier zynisch beleuchtet: »Es gab / eine Frühjahrskol- // lektion neuer Geschlechtsteile, Mas- /sagen, die alte / Kur // Spritzen in die Brü- / ste.« Die Fetischisierung der erotisch besetzten Körperteile und ihre ins Monströse übersteigerte Präsentation wird im Gedicht durch eine Zeilenbrechung vorgeführt, die in der Sprache den gewaltsamen Vorgang der Segmentierung des menschlichen Körpers nachvollzieht. Den Betrug am Käufer, der in seinen Erwartungen auf die käufliche, sexuelle Erfüllung betrogen wird, macht Brinkmann durch einen Gag deutlich: »Aber es gab keine / Kleiderbügel und dazu // passend einen Schrank.« Von der Allianz zwischen Sexualität und Warenwelt spricht auch das Gedicht *Romanze I* (St, S. 163), das ein verwirrendes Gedankenspiel vorführt. Die sexuelle Stimulation des Mannes entlädt sich im Gedicht in einem biologischen Rätsel; statt der erwarteten Ejakulation »gerinnt etwas zu Zahnpasta, [...] deren Herkunft / ihm rätselhaft blieb«. Dieser verblüffende Gag, mit dem hier der Ausfluß männlicher Potenz in ein Produkt der Hygieneindustrie verwandelt wird, greift die verstümmelten Ausdrucksformen eines sportlich-sterilen, lustfeindlichen Sexes an, dessen strahlend reines Vorbild die Werbeindustrie mit ihren Produkten liefert. Brinkmann verweist hier auf den aus der Psychoanalyse bekannten Zusammenhang zwischen übertriebener Reinlichkeitserziehung und Triebunterdrückung, den sich die Werbeindustrie durch ihre Ersatzbefriedigung versprechenden Produkte mit ihrer unterschwelligen Sexualsymbolik zunutze macht. Diesen Zusammenhang beschreibt er auch in seinem Essay *Lyrik und Sexualität*, wenn er von der »kleinen, mickrigen, ganz gewiß ängstlichen Geilheit, [spricht] wie sie Hausfrauen empfinden mögen, wenn sie mit dem *Weißen Riesen* hantieren: es ist das ›bio-dynamische‹ laut Aufdruck auf der Packung, denn der Weise Riese hat biologische Aktivstoffe, löst den stärksten Schmutz von innen heraus, z. B. Ei, Fett, Milch und Blut.« (S. 68) Die metaphorische Lektüre des Werbetextes entlarvt das aggressive Vokabular der Reinlichkeitsideologie, über die Ware in der Inkarnation des Weißen Riesen als Sittenpolizei wacht. Auf diesem Hintergrund gerät Brinkmanns Phantasiespiel der *Romanze I* zur Vision von der biologischen Metamorphose des Menschen und seiner Körperfunktionen zur Ware. Das Gedicht *Meditation über Pornos* (St, S. 162) beginnt mit der monoton einhämmernden Wiederholung des Satzes: »Diese Fotze ist gut«. Mit der direkten Ehrlichkeit der »dirty speech« wird hier das Urteil über die angebotene Ware gefällt, die sich dem Käufer ohne Verstellung als das anbietet, was sie ist. So endet das Gedicht denn auch in einem friedlichen Bild, das im krassen Gegensatz zu dem obszönen Jargon im ersten Teil nun einen naturlyrischen Ton von Ruhe und harmonischer Stille anstimmt: »langsam sprießt / wieder etwas Haar am / Rand einer Falte. Wir / ruhen uns in seinem // Schatten aus.« Das Gedicht enthält alle formalen Elemente und Merkmale der Meditation und zeichnet sie in seinem Ablauf nach: Meditierend versenkt sich das Subjekt in sich selbst, nachdem es sich durch die monotone Wiederholung eines einfachen Gedankens auf seinen Gegenstand eingestimmt hat, um sich nach einem Höhepunkt der Selbstkonzentration langsam wieder zu entspannen. Indem Brinkmann die Betrachtung von pornographischem Bildmaterial zur meditativen Selbstversenkung zu Zeiten des Pornographieverbots in der BRD umdeutet, brüskiert er die Wertehierarchie sexuellen Verhaltens mit ihrem obersten Ziel der auf Liebe basierenden Heterosexualität und bringt eine Realität in den Blick, in der es darum geht, vorbehaltlos kurzfristige, egozentrische sexuelle Bedürfnisse zu befriedigen. In dem Gedicht *Celluloid 1967/68* (St, S. 169ff) nimmt Brinkmann die in die Bundesrepublik importierten Sexualmythen Hollywoods zum Anlaß, um die Zurichtung der Sexualität durch die Idole und Leitbilder der Filmindustrie zu beschreiben. »Immer dasselbe / Kino«, steht als Motto über dem Gedicht, mit dem Brinkmann auf die allgemeine Sexualisierung der Alltagswelt anspielt: »der Tag / ist / schön / ein / Fick- / tag«. Im Film »krümmen« sich die Sexidole mit Aufforderungscharakter für den Betrachter: »Ich sag mir, auch du mußt / dich krümmen, ich meine, wenn alles / sich krümmt, alles spritzt und spru- / delt und / hochzischt / als / Flüssigkeit / als / braune Soße und weiß Gott noch alles / das naß ist, krümmen, sag ich, krümmen!« Der sexuelle Akt verkehrt sich unter der Regie der Unterhaltungsindustrie zur Unterwerfung unter das verlogene Sexmuster. Die Kinomythen Hollywoods greift Brinkmann mit seiner Hommage an Warhols Film *Harlot* aus dem Jahr 1964 an. *Andy Harlot Andy* (St, S. 165) variiert Warhols ersten Tonfilm, in dem der Transvestit Mario Montez in der Rolle des amerikanischen Sexsymbols Jean Harlow auftritt. In dem 70minütigen Film verspeist Montez eine Banane nach der anderen. Diese monotone Aktion erfährt ihre Spannung durch die unverhohlene Sexualsymbolik des Banane-Essens, das sich zu einem immer offener zur Schau getragenen lasziv-narzistischen Akt steigert. Wenn Brinkmann die Travestie des Mythos von Jean Harlow im Film nachzeichnet, indem er die freien Assoziationen der Sprecher aus *Harlot* zitiert, dringt er in den verborgenen Raum der vom Klischeebild Sex noch unbelasteten Sexualphantasie ein. Die Travestie löst hier alle gesicherten Grenzen der alltäglichen Vorstellungswelt auf und setzt eine wilde, anarchische Phantasie frei, und verwirrt so das Vertrauen in die unbewußt funktionierenden Sexmuster: »die Bedeutungen wechseln ständig [...] was wir sehen, ist / nicht das, was wir sehen«.

Von dem Zusammenhang von Sex, Gewalt und Tod sprechen die Godzilla-Gedichte. Hier thematisiert Brinkmann den aus der Freudschen Psychoanalyse zum allgemeingültigen Muster gewordenen Zusammenhang von Sex und Tod. Dieses Muster weist Brinkmann in seinen Texten als historisches aus, das eng mit der deutschen Geschichte verbunden, als Herrschaftszusammenhang gedeutet wird, in dem der autoritäre Charakter die bewußtlose Masse in Täter und Opfer der Geschichte teilt. Von lustvoll besetzten Gewaltphantasien spricht das Gedicht *Godzilla telefoniert so gern*, die ihre Befriedigung in der Angstreaktion des anonymen Opfers suchen. Den Zusammenhang von Sex und Gewalt, dessen Ursprung in der deutschen Geschichte mit den Tötungspraktiken der Faschisten benannt wird, verlängert er hier zum Kommunikationsmodus der Gegenwart. Das Telefon als Kommunikationsmedium verbindet einander fremde Einzelindividuen über die Sprache. Seine Botschaft ist die Todesdrohung, die aus den anonymen Gesprächspartnern Täter und Opfer macht. Von dem Tod, der in den Medien verborgen ist, spricht auch das Gedicht *Godzilla-Baby* (St, S. 166 f). Godzilla, selbst Produkt der Unterhaltungsindustrie, wird als Monster der Katastrophenfilmserie in Brinkmanns Gedicht zum Symbol einer anderen scheinbar naturhaften Bedrohung des Menschen. Das als Polit-Thriller konstruierte Gedicht führt dem Leser eine Zukunftsvision in einem totalitären Staatswesen vor Augen, in dem die mediale Überwachung und Steuerung seiner Untertanen lückenlos funktioniert. Die Individuen sitzen wie Versuchstiere in ihren »schwarzen Gehäusen« und erwarten angstvoll ihr »Ende«. Blind sind sie der Bewußtseins- und Verhaltenskontrolle durch die Unterhaltungsindustrie ausgeliefert, lassen sich im Sinne eines einfachen Reiz-Reaktions-Schemas konditionieren, indem sie auf das Ablenkungsmanöver des Fernsehprogramms hereinfallen, während »die Polizei / das Haus umstellt«. Am Ende liegt »die Hausfrau / von einem Bauchschuß // getroffen [...] auf dem Teppich vor dem Fernseh- / apparat«. Hier ist nicht mehr von individueller, sondern von institutionalisierter, staatlicher Gewalt die Rede. In diesem Zusammenhang sei auf das Gedicht *Leb wohl Dr. Wilhelm Reich* (St, S. 257) verwiesen, das aus demselben Zeitraum stammt, und wohl Brinkmanns offenster Beitrag zu den gesellschaftlichen Auseinandersetzungen seiner Zeit ist. Mit unverhohlener Aggression attackiert er hier das Vorgehen der Berliner Polizei bei den großen Anti-Springer-Demonstrationen oder anläßlich des Schah-Besuchs, die er durch das Zitat Reichs in die Nähe der faschistischen Schlägertrupps rückt. Damit spielt Brinkmann auf Reichs *Massenpsychologie des Faschismus* an, in der er den Zu-

sammenhang von Sexualunterdrückung, autoritärer Charakter-
struktur und sadistischer Gewaltanwendung beschrieben hatte:

>>Warum schlag ihr sie nicht tot?
(Ihr könnt sie dann
ganz ausziehen und mühelos
ihre Beine auseinander-
biegen, um schnell noch
den Druck loszuwerden
ehe die Lautsprecher wieder
zum Sammeln rufen.)<<

>>Die Piloten<<

Der umfangreiche Lyrikband *Die Piloten* wird durch drei Comic-
Collagen in ungefähr gleich große Teile gegliedert. In drei Folgen
nimmt der >>Anti-Comic<<- eine Collage aus verschiedenen Comic-
Serien, den Firestones, Nancy u.a. – noch einmal die aktuelle Dis-
kussion um den Tod der Literatur auf und kann als respektlose
Replik auf die Krisenstimmung innerhalb des deutschen Literaturbetriebs gelesen werden. Brinkmann kolportiert hier wie schon in
Der Film in Worten den Grabgesang auf eine Literatur, der der
Anspruch auf überzeitliche Gültigkeit und Dauer implizit ist. Wenn
dem autonomen Kunstbegriff, nachdem Kunst unsterblich >>wie
Gott<< sein soll, durch neue Medien der Rang abgelaufen wird, so
versteht Brinkmann diesen Sachverhalt nicht als generellen Untergang der Kunst, sondern als Funktionsverlust eines autoritär, allei-
nige Gültigkeit beanspruchenden Kunstverständnisses. In dem
Konkurrenzkampf gegen die neuen Massenmedien der Trivialkunst
unterliegt die hohe Kunst, dies will Brinkmann mit seinem Comic
andeuten, weil die neuen Medien es geschickt begreifen, den uralten
Wunsch nach der Überwindung des Todes zu realisieren. Wenn
Nancy im Comic sagt: >>Ich komme aufs KLASSISCHE Gebiet,
um im Kampf gegen den Einfluß des Kitschcomics zu helfen<<, (St,
S. 188) so muß sie ihre Machtlosigkeit erfahren, weil die
>>Kitschleute sich weigern die Realität des TODES zuzulassen<<. (St,
S. 247)
Die >>Piloten<<-Gedichte suchen auf verschiedene Weise die Nähe
zu Genres der Trivialkunst, indem sie ihre Helden zum Gegenstand
des Gedichts machen, oder indem sie versuchen, ihre künstlerische
Technik auf die Literatur zu übertragen. Als Importware gehören
sie zum Bestand des Mythos Amerika, den Brinkmann zunächst in

den Blick nimmt. Das Verhältnis zwischen der alten und der neuen Welt, das seit dem Vietnam-Krieg zum ersten Mal nach dem Zweiten Weltkrieg nachhaltig gestört wurde, problematisiert Brinkmann in diesen Gedichten, wenn er das umfassende Abhängigkeitsverhältnis Europas von dem Großen Bruder kritisch beleuchtet. Brinkmann reagiert mit *Billig* (St, S. 205) auf die tagespolitische Situation zu Zeiten des Vietnam-Kriegs, wenn er die Verflechtungen von Wirtschaftsinteressen und Kriegspolitik zitiert. Die »zwei ältere[n] Männer«, die sich im Gedicht zur Bekräftigung ihrer politischen Abkommen »ausgiebig die Hände / schütteln«, werden bewußt nicht namentlich benannt: Sie stehen exemplarisch als gewählte Staatsoberhäupter für eine dem einzelnen anonym gegenüberstehende Macht. Im Stil der Sprachregelung offizieller Regierungsverlautbarungen zeichnet Brinkmann in der ersten Strophe den Verschleierungszusammenhang öffentlich politischer Rede nach. Aber nicht nur die Freundschaftsgesten verbündeter Wirtschaftsmächte, deren Ergebnis darin besteht, daß für »Millionen / [. . .] jetzt das Ketchup bil- / liger« wird, sondern auch die Bilder der Kriegsgreuel in Vietnam werden in bruchloser Folge über die Medien jedem ins Haus geliefert. Das »Ketchup«, Symbol der Wohlstand verheißenden amerikanischen Lebenskultur, wird zum Blut, das in Vietnam dafür tagtäglich fließen muß: »jemand fällt als flüs- / siges Ketchup wie ein roter / Faden vom Himmel«. Den amerikanischen Präsidenten und das Kapitol in Washington, Inkarnationen des amerikanischen Selbstverständnisses von der freien und demokratischen Gesellschaft, nimmt Brinkmann in *Der Mond, der Präsident und die amerikanische Prärie / Populäres Gedicht Nr. 11* (St, S. 218) zum Anlaß einer bissigen Polemik auf die Herrschaftsansprüche der amerikanischen Supermacht. 1969 gelang den USA im Rahmen ihres »Apolloprogramms« die spektakuläre Landung der ersten Menschen auf dem Mond. Dieses Prestigeobjekt der amerikanischen Regierung, das im Wettlauf mit der Sowjetunion nach dem Sputnik-Schock forciert betrieben wurde, greift Brinkmann thematisch auf, um mit seinem spöttischen Kommentar den Führungsanspruch Amerikas über die westliche Welt in Frage zu stellen. Wie Chaplins »großer Diktator« mit der Weltkugel spielt der amerikanische Präsident mit einem Modell des Mondes: »Der Präsident sieht ihn sich / täglich einmal / an und läßt ihn // dann wieder verschwinden.« So prägt im Gedicht der amerikanische Präsident als Repräsentant des Systems auch noch dem entferntesten Bereich der unbelebten Natur seinen Stempel auf und nimmt ihn nach der Aufteilung der Erde in Besitz: »Einsam über einer Prärie / ganz in der Nähe geht / er aber wieder auf. Dieses // Mal ist es der echte

Mond / mit dem Abbild des Prä- / sidenten auf der Rückseite.« Der imperialistisch vereinnahmte Mond wird zum Abbild der Münze, dem ursprünglichen Motor und Ziel des Engagements im Weltraum. Zuletzt wendet sich Brinkmann der Demontage des Entstehungsmythos der amerikanischen Nation zu, wenn er der legendären Gestalt des Buffalo Bill ein Gedicht widmet. Diesem Idealtypus des amerikanischen Selfmade-Mans, der alle Merkmale unverstellter Männlichkeit auf sich vereinigend nur in seinem glanzlosen Abbild, dem Westernhelden, überlebt hat, legt Brinkmann die fiktive Selbstaussage in den Mund: »Das / gewöhnliche Glück // blieb mir treu«. Dieses so einfache wie naive Erfolgsrezept, mit dem die unrühmliche Geschichte der gewaltvollen Landnahme der Weißen in Amerika mythisch verklärt wird, demontiert das Gedicht, wenn es dessen inhumanen Gehalt ausstellt, von dem der Mythos des Westerners seine Macht bezieht: »Einmal in seinem / Leben skalpierte er // einen Indianer / ganz schnell in / fünf Sekunden«. In dieser pervertierten Leistungsbilanz, die das Morden als Sport begreift, entlarven sich die Grundlagen der amerikanischen Erfolgsideologie. Der fiktive Dialog endet in einer Konfrontation des personifizierten Geschichtsmythos mit der aktuellen politischen Situation: »waffenlos jetzt 1968«. Damit kennzeichnet Brinkmann die Situation der amerikanischen wie bundesrepublikanischen Opposition, deren Ohnmacht gegenüber dem anhaltenden »Glück« derjenigen, deren Recht im Recht des Stärkeren – gleich dem Faustrecht im rechtsfreien Raum des historischen Amerika – besteht. Stärker aber noch als durch seine offizielle Politik herrscht die Wirtschaftsmacht USA im Warenimage über die westliche Welt. Brinkmanns *Selbstbildnis im Supermarkt* (St, S. 204) trägt diesem Faktum Rechnung. Entgegen Duane Hansons Vorbild *Supermarket Lady* gerät ihm die Spiegelung in der Warenwelt zur befremdenden Irritation, zum Verlust seiner Orientierungsfähigkeit. In dem *Gedicht auf einen Lieferwagen u. a.* (St, S. 241 f) macht Brinkmann das Eindringen der Warenästhetik in den alltäglichen Lebensraum deutlich, wenn er den gelangweilten Blick des Betrachters scheinbar wie zufällig auf den »sauber gewaschene[n] / Lieferwagen mit der / Aufschrift / Coke / ges. gesch« fallen läßt. Mit dieser Reklameaufschrift nennt Brinkmann keine beliebige Ware, sondern konzentriert in ihrem Bild die Geschichte der bundesrepublikanischen Nachkriegskultur. In dieser »neue[n] Form der Schrift / für eine alte Marke aus der / Nachkriegszeit mit Photos / von General Eisenhower, jetzt / Farmer in den / USA / ges. gesch.« wird die Lebensphilosophie des Kapitalismus manifest, die als amerikanischer Import aus der Nachkriegszeit im Zeichen der Ware Lebensqualität und Glück für alle verhieß. Das Erscheinungsbild der Ware bestimmt seitdem den Blick auf die Welt, so daß sogar das Wetter in ihrer Gestalt erscheint, d.h. ein ihr ähnliches Produkt aus demselben Wirtschaftskonzern zu sein scheint. Die Traumwelt der Waren sprengt das Bewußtsein des Rezipienten auf, nachdem sie es zuvor mit ihren Inhalten infiziert hatte. Das zum Abbild des Warenimages gewordene Bewußtsein zerplatzt und entleert seinen Inhalt: »(heraus / fließt kostenloses Coca-Cola // indem sich Dwighty's Lächeln / wiederspiegelt, was sagst du / nun, baby? Sie sagt: O du Träumer [...] fahr mit mir endlich in / die Illustrierten, dort ist das / Wetter schön und alles!)« Das Erwachen aus dem Warentraum kommt einer Vertreibung aus dem Paradies gleich, in das sich das desillusionierte Paar wider besseres Wissen zurücksehnt.

Ähnlich dem Warenimage funktionieren auch die Helden der großen Comicserien. Batman und Superman, die beiden mit übermenschlichen Kräften ausgestatteten Helden der amerikanischen Serien, charakterisiert Brinkmann als massenwirksame Träger amerikanischer Ideologie während des Vietnam-Kriegs. Als Inkarnationen des amerikanischen Images von der hochtechnisierten Supermacht werden sie zu Garanten von »law and order«, zu den letzten Bewahrern des Systems. »Mr. Amerika« (St, S. 255) heißt Superman im Gedicht und Batman definiert seine Aufgabe mit den Worten, »wir flimmern zusammen [...] durch das neue Universum / für Gerechtigkeit und // Frieden«. (St, S. 221) Im Gedicht erinnert der pflichtbewußte Batman seinen Gefährten Robin, der für einen Moment aus seiner Rolle zu fallen droht und dem Wunsch nach einer menschlich-sterblichen Existenz nachhängt, an seine Aufgabe: »Der Präsident braucht // uns noch überall zum großen / amerikanischen Flimmern / in der Luft, damit endlich / alles in Ordnung kommt.« (St, S. 221) Unmißverständlich spielt Brinkmann hier auf die amerikanischen Luftangriffe in Vietnam an, die der Comic mit seinem plakativen Schematismus von Gut und Böse in die populäre Ideologie von dem hegemonialen Heilsanspruch des amerikanischen Systems übersetzt. Daß die amerikanische Ideologie ihren alleinigen Wahrheitsanspruch gegenüber dem kommunistischen System im Comic auch dem letzten seiner Leser tief ins Bewußtsein graben will, formuliert Brinkmann mit Batmans christusgleichem Konkurrenten auf dem Comic-Markt: »POW /WOW / da bin / ich / und / erlöse euch / alle / im / Namen / des / großen / amerikanischen/ Hau.« (St, S. 256) In den Gedichten *Comic No.1* (St, S. 207f) und *Comic No.2* (St, S. 266f) analysiert Brinkmann die Wirkmächtigkeit des Genres, indem er dessen versteckte Symbolgehalte offenlegt. Die verschlüsselten sexuellen Gehalte, die dem Image des keuschen Superhelden innewohnen, beschreibt er, indem er die in diesem Männlichkeitsideal verborgenen Phantasien aufdeckt. Der keusche Männerbund zwischen Batman und Robin, den der Comic glorifiziert, wird im Gedicht zur homoerotischen Bindung und das Emblem der Macht zum überdimensionalen Phallus: »Und oben über / Gotham-City / erscheint / ein riesiges / Ding anstelle / des üblichen / Batsymbols«. (St, S. 266)

Im Film findet Brinkmann den letzten und wohl bedeutendsten Gegenstand seiner Beschäftigung mit Struktur und Funktionsweise der Bewußtseinsindustrie. Wenn Brinkmann sich mit dem Film befaßt, so gilt sein Interesse zunächst den großen Kinomythen und seinen Stars, die zum Inbegriff der Filmgeschichte wurden. Wie solche Mythen, die im schnellen Wechsel der Moden ihren Aufstieg und Niedergang erlebten, zum Allgemeingut der Massen werden und ihre Realitätserfahrung prägen, beschreibt er in seinen Gedichten. Damit begreift Brinkmann den Film als wirkmächtiges Medium, indem sich Wirklichkeitsmuster ausbilden. Den Endpunkt dieser Entwicklung, den Brinkmann mit dem Niedergang Hollywoods gekommen sieht, markiert die Realität gewordene Illusion, nachdem beide, Realität und Fiktion, untrennbar für ihren Betrachter miteinander verschmolzen wurden: »Das Leben wird immer imaginärer ... oder die Vorstellungen konkreter, bis sie völlig wirklich geworden sind«, (Lunch Poems, S. 76) formuliert er in seinen Anmerkungen zu Frank O'Haras Gedichten. Hollywood als mythische Heimstätte der Moderne, in der die mächtige zweite Wirklichkeit aus Illusionen und Träumen entsteht, führt Brinkmann in dem Gedicht *Für Paramounts Vollendung* (St, S. 232) durch einen Blick hinter die Kulissen auf seinen materialistischen Kern zurück, indem er die Entwicklung hoch komplizierter technischer Apparaturen für die immer perfekter werdende Illusion verantwortlich macht. »Technicolor« heißt das Zauberwort, mit dem Hollywood noch einmal die Optimierung der totalen Illusion gelang. Die wirklichkeitskonstituierende Macht des Films schildert Brinkmann im Gedicht als eigene Erfahrung seiner Wirkweise, »wenn man sehr spät nach Hause geht / und einmal wieder hochsieht, um sich selbst // zu überzeugen, daß der Himmel, den man sieht / jetzt auch aus Technicolor ist genauso / wie bei Jerry Lewis in dem Film«. Auch *Cinemascope* (St, S. 295) aus dem Band *Standphotos* spricht von dieser von künstlichen Bildern überlagerten Wirklichkeitswahrnehmung des Schreibenden: »Der Himmel / heute / klarer als sonst / ein Himmel // ganz blau« wird vom Betrachter als eine Nachahmung der Natur auf der Großleinwand des Films verstanden: «- es sind die Bilder, die / wir sehen, nicht das, was / es wirklich ist –«.

Die Illusion von »Ferne«, die dieses Bild im Betrachter hervorruft, entlarvt sich als einfacher technischer Trick: »Die endlose / Ausdehnung von Celluloid«. Hinter dieser perfekten Täuschung des technischen Apparats befindet sich nichts als eine »weiße Leinwand«. Sie bildet wie das menschliche Gehirn die leere Projektionsfläche, auf der erst die Bilder ihre Wirklichkeit erhalten. Damit macht Brinkmann die filmische Technik zur Metapher menschlicher Wahrnehmungsprozesse. Am Beispiel des Films, der analog zum Wahrnehmungsablauf des Menschen funktioniert, verdeutlicht Brinkmann so die Funktionsweise des Wahrnehmungsprozesses, die nicht Wirklichkeit abbildet, sondern Wirklichkeit konstituiert.

Mit dem Gedicht *Film 1924* (St, S. 228 f) beginnt Brinkmann seine lyrische Filmgeschichte. Er unternimmt hier den Versuch, sich aus der distanzierten Gegenwartsperspektive der auratischen Wirkung der Stars aus der Stummfilmzeit einfühlend anzunähern. So versammelt er im Gedicht stichwortartig alle Namen, bei deren bloßer Nennung die Faszination des Stummfilms noch einmal ersteht. Alle diese Stars bezeichnet er im Gedicht als »Monster der Gefühle«. Sie sind die »Schatten«, »die wirklicher sind // als Schatten wie die Schatten von Schatten / die es nie gegeben hat«. Ihre Faszinationskraft erlangen diese ersten Stars der Kinogeschichte über ihre unmittelbare, sprachlose Wirkung auf die Gefühlswelt des Zuschauers. In der begrenzten technischen Möglichkeit des frühen Films liegt zugleich seine Wirkmächtigkeit, die die Filmtheorie in der Körperlichkeit der Darstellung sah. Die geheimnisvoll-erotische Spannung, die der Film als »ein anhaltendes Flimmern über die / Körper hinweg, wenn sie ganz nackt sind«, evoziert, setzt sich so im Betrachter unmittelbar fort. Das »Flimmern« des Bildes im schnellen Wechsel von Licht und Schatten, ein Effekt der noch unausgereiften Kameratechnik, arbeitet in derselben Weise wie das menschliche Gehirn, das Nervenreaktionen als elektrische Impulse in psychische und physische Reaktionen übersetzt.

Seine persönliche Filmgeschichte setzt Brinkmann mit den Filmhelden seiner Jugendzeit fort. In der Tarzan-Figur, die seit dem Stummfilm in den verschiedensten Medien der Trivialkunst bis hin zu Andy Warhols Parodie *Tarzan and Jane regained* ihre Existenz in immer neuen seriellen Auflagen behauptete, fand der antizivilisatorische Mythos von einem paradiesisch-unschuldigen Naturzustand seine Verkörperung. Für den Jungen, der in den fünfziger Jahren aufwächst, wird Tarzan zum Vorbild und zum neidvoll bewunderten Ideal männlicher Stärke und Kraft, an das sich der Erwachsene erinnert. Zum Unterscheidungsmerkmal der einzelnen Tarzan-Darsteller dient ihm in der Rückschau die Größe des Lendenschurzes, dem signifikanten Indiz der von der Filmzensur gewährten graduellen Nuance an körperlicher Nacktheit. Der Junge schlüpft in der Phantasie in die Rolle des Idols, der Baggersee in Vechta, den Brinkmann immer wieder beschreibt, wird zum gefährlichen Urwaldgewässer, in dem Krokodile auf die hilflose und schutzbedürftige Jane lauern. Aber wie im Film hat der als »haariges Loch« imaginierte Urwald eine doppelte Bedeutung: So wie die Tarzanfilme im prüden Klima der fünfziger Jahre von ihrer versteckten Sexualsymbolik lebten, so versteckt sich hinter den »Urwälder[n] / wie haarige Löcher« die verbotene Sexualität des Jungen. In seiner Geheimsprache stehen sie für das weibliche Geschlecht, das der Junge hinter dieser Kulisse von Helden- und Abenteuerspielen entdeckt: »es gibt ganz kleine / haarige Löcher wie / Urwälder, die man nie / wieder vergißt.« In dem Gedicht *Oktober* (St, S. 359), das seinen Namen von dem Kalenderblatt des Star-Kalenders der Columbia Filmgesellschaft erhält, erinnert Brinkmann an die Schauspielerin Sharon Tate. Er tut dies mit einfachsten Mitteln, wenn er einzig und allein die nackten Daten zitiert, mit denen der Kalender das Photo darbietet. Hierbei handelt es sich um ein Standphoto aus der »Irving Allen Produktion«» *The Wrecking Crew*«, in der »Dean Martin als Matt Helm« ihr Partner war. Mit Sharon Tate, die dem aufsehenerregenden Ritualmorde eines Psychopathen zum Opfer fiel, zitiert Brinkmann implizit noch einmal jenen Zusammenhang von Sexualität, Gewalt und Tod, den er in vielen seiner Gedichte thematisiert. Fiktion und Wirklichkeit, Rollentypus und Person werden vom Täter miteinander identifiziert. Der Täter ist aber zunächst niemand anderes als der Kinobesucher, der Realität mit filmischer Inszenierung verwechselt. Im Fall ›Sharon Tate‹ erhält die Verkehrung des Verhältnisses von Fiktion und Wirklichkeit ihren signifikantesten Ausdruck.

In Vagelis Tsakiridis' Sammelband deutscher Autoren der Subkultur hat Brinkmann von sich das Bild eines begeisterten Kinogängers entworfen, wenn er auf die Frage »Welche Filme sehen Sie sich an?« antwortet: »Amerikanische B-Filme, Don Siegels ›Tod eines Killers‹ oder Boetichers ›Legs Diamond‹, weil prätentios unprätentios.« (Supergarde, S. 223) Wie stark Brinkmann mit dem Medium Film verbunden war, ist nicht zuletzt der Widmung an sein Publikum zu entnehmen: »Ich widme deshalb den vorliegenden Gedichtband [...] all denen, die sich immer wieder von neuem gern auf den billigen Plätzen vor der Leinwand zurücksinken lassen. Sie alle sind die Piloten, die der Titel meint.« (St, S. 187) Sie sind diejenigen, die sich der Imaginationskraft des Filmes ergeben, und ihn gleich dem Piloten des Raumschiffs aus Stanley Kubricks *Odyssee*

2000, der am Ende in eine neue Bewußtseinsdimension aus Formen und Farben eintauscht, zur Erschließung eigener, neuer Bewußtseinsdimensionen nutzen. Eine Wirkung, die sich Brinkmann auch von seinen Texten erhoffte, wie sie das letzte Gedicht des Bandes in Anspielung auf Kubricks Film noch einmal formuliert: »tritt / ein / und / schließ die / Tür / auch du bist ein Pilot / an / ENDE.« (St, S. 277) So sollen seine Gedicht wie die dem Drogenrausch nachgeahmte Verschmelzung mit dem Universum in Kubricks Film den Schrecken des Todes bannen, indem sie ihn als endgültigen Übergang in einen anderen Bewußtseinszustand begreifen.

»Gras«

Mit *Gras* legt Brinkmann 1970 den Gedichtband vor, der sich enger als alle vorhergehenden Bände an seine amerikanischen Vorbilder anlehnt. Schon der Titel, der Assoziationen zu Gras / Marihuana, dem gebräuchlichen Synonym für diese Bewußtseinsdroge, weckt, birgt zugleich eine andere, weniger beachtete Anspielung in sich. Mit Gras, im »botanischen Sinn« (St, S. 301) verstanden, wie die den Gedichten vorangestellte, lexikalische Erklärung den Leser aufklärt, stellt Brinkmann seinen Gedichtband in die Tradition der amerikanischen Lyrik ein, indem er über die fast wörtliche Anlehnung an Walt Whitmans *Leaves of Grass* auf die Beziehung seiner Texte zu der amerikanischen Lyrik hinweist. Die Doppeldeutigkeit des Titels bleibt dessen ungeachtet bestehen. Sie ist, wenn man Brinkmanns kurzfristige Identifikation mit der europäischen Hippiebewegung und seine eigenen Drogenversuche in Rechnung stellt, sicher nicht zufällig. »Gras« als Marihuana gelesen, gibt vielmehr einen Hinweis auf die poetologische Konzeption dieser Gedichte, die sich bereits mit den *Piloten* angedeutet hatte, und kann als Erläuterung ihrer Wirkabsicht verstanden werden. Der Titel steht dann für eine Sorte von Texten, die einer rauschhaft-halluzinatorischen Phantasietätigkeit Raum geben wollen.

Der Gedichtband versammelt Gedichte, die dem Muster der amerikanischen Textcollagen aus langzeiligen Prosaelementen und parallel verlaufenden Assoziationsketten nachgebildet sind. Kurze Texte stehen mit langen Prosagedichten in harmonischem Wechsel. Die formalen Bestimmungen des lyrischen Textes werden hier endgültig aufgegeben: Neben der Aushöhlung der Form über die willkürliche, rein graphisch-symmetrische Aufteilung des Textes in Zeilen und Strophen finden sich dem Sprechrhythmus angepaßte Langzeilen, weit auseinandergezogene, versetzte Passagen, durchbrochen von zentrisch angeordneten Textblöcken und reinen Prosaformen. Aus heterogenstem Material fügen sich diese Gedichte zusammen, ihre Gemeinsamkeit beziehen sie über den einheitlichen Sprachgestus der subjektiven Rede. Sie verweigert nicht nur jede Mitteilungsfunktion, sondern bezieht sich bewußt auf das rein Zufällige, Flüchtige und Unverwechselbare des subjektiven Erlebnishorizonts, der sich als einzig authentischer Rest des Subjekts gegen jede intersubjektive Vergleichbarkeit sperrt. Damit folgt Brinkmann seinem Vorbild Frank O'Hara, in dessen »Statement« zu den von Brinkmann übersetzten *Lunch Poems* es heißt: »Ich glaube nicht, daß meine Erfahrungen klärend oder für mich und andere hübsch arrangiert sind, sie haben gerade die Form, die ich für sie finden kann. Was mir in meinem Werk klar ist, ist anderen wahrscheinlich dunkel, und umgekehrt.« (Lunch Poems, S. 60) Brinkmann greift diese klassische Bestimmung von moderner Lyrik in dem *Gedicht* ›Nacht‹ (St, S. 338) auf:

> »Ich denke nicht an das Klischee
> wenn das Licht ›aufhört‹ und es ist dunkel:
> es ist niemals zur richtigen Zeit dunkel,
> obwohl die Verzweiflung ein Teil von uns ist,
> wir sind nicht ›dunkel‹, aber wir sind verzweifelt.«

Damit ist gemeint, daß Brinkmann in seinen Texten keine künstliche Verrätselung betreibt, deren verborgener Bedeutungsgehalt sich entschlüsseln ließe, sondern daß sein Schreiben direkter und unverstellter Ausdruck seiner persönlichen Existenz ist, deren Konkretheit sich jeder verallgemeinernden Einordnung oder Etikettierung entzieht. Mit der Konzentration auf einen nicht mehr repräsentativen, eng begrenzten Wirklichkeitsausschnitt, den das Gedicht mikroskopisch vergrößert, stellt sich ein Individuum dar, das sich nicht als typisches versteht, sondern sich selbst in der bewußten Konfrontation mit den disparaten Wirklichkeitspartikeln als zufällig-flüchtiges und fragmentarisches erlebt. (vgl. Lampe) Die persönliche Perspektive auf zerstreute und zufällige Wahrnehmungs- und Erlebnisfetzen wird daher zum einzigen Ordnungsschema des Gedichts erhoben. In diesem Sinne muß auch das *Gedicht* »Nacht« für den Leser dunkel bleiben. Die Episode, die dieses Gedicht zum Anlaß nimmt, bezieht sich möglicherweise auf ein Erlebnis mit dem Schriftstellerkollegen Nicolas Born, das dieser selbst in einem Essay über Brinkmann erwähnt: »In seinem Badezimmer in Köln: er beugte sich über mich, ich hatte einen schlechten *trip* und ging auf dem Steinboden liegend in grauenhaften Bildern herum. Er wischte mir mit dem Handtuch den Schweiß vom

Gesicht.« (Born, S. 118) Mit Born verbindet Brinkmann im Gedicht eine tiefe Gemeinsamkeit: die der Annäherung an den Schrecken des Todes. Borns Schreckenserlebnis im Drogenrausch nähert sich Brinkmann durch seine Assoziation an das kindliche Spiel des Ertrinkens an. Doch das mimetische Verhalten des Kindes hat genauso wenig mit dem factum brutum des Todes gemeinsam wie seine sprachliche Referenz im Gedicht. Die antizipierte Todeserfahrung im Schreiben als Kampf gegen den Tod bleibt ebenso wirkungslos wie das Kinderspiel: »Als Kind spielte man in solchen Pfützen Ertrinken // und sah, ›das Ertrinken‹ ist kein Tod, es war / nicht einmal das Bild davon«. Die wiederhergestellte Oberflächenordnung der Dinge – »neben der Tür standen diese handgearbeiteten Stiefeletten / aus weichem Leder, Made in Bologna, *un produtto in italia*, // und auf der Glasplatte im Badezimmer fanden sich / am nächsten Morgen die Manschettenknöpfe wieder«- beendet den nächtlichen Alptraum. Brinkmann fügt dieser Episode eine private Mitteilung an, die in einem anderen Kontext noch einmal den Begriff der Verzweiflung aufnimmt: »›Weißt du, ‹ sage ich zu jemandem, der mich wirklich liebt, / ›ich bin so verzweifelt, daß ich dich liebe und ... nicht!‹« Mit dieser Konkretisierung des Gedichts auf der Ebene privater Mitteilung an einen bestimmten Adressaten, die dem Leser aufgrund ihrer Beziehungslosigkeit zu dem Text unverständlich bleiben muß, führt Brinkmann sein Modell der radikal subjektiven Rede aus.

In seinem großen Essay über Frank O'Hara charakterisiert Brinkmann die Lyrik dieses Autors als Ausdruck einer »*zeitgenössische*[n] Sensibilität«. (F. i. W, S. 220) In Brinkmanns nachvollziehender Poetik zu O'Haras Lyrik wie in O'Haras eigenen Texten werden Sensibilität und Subjektivität zu komplementären Begriffen. O'Hara kennzeichnet Subjektivität in seinem kurzen Statement *Personism: A Manifesto* aus dem Jahre 1959 als allgemeines Konstruktionsprinzip, das seinem Schreiben zugrunde liegt. Subjektivität meint hier nicht mehr die Thematisierung und Selbstreflexion des schreibenden Ichs, wie O'Hara ausdrücklich betont: »How I hate subject matter! melancholy, / intruding on the vigorous heart, the soul telling itself / you haven't suffered enough.« (Howard, S. 399) Subjektivität wird vielmehr verstanden als Ausdruck der konkreten Reizungen des Nervensystems im Hier und Jetzt, die Inhalt und Form des Gedichts bestimmen. Damit verwirft O'Hara nicht nur einen traditionellen Typus von Lyrik, sondern formuliert zugleich auch die Absage an eine Idee von Subjektivität, in deren hypostasiertem Bild von der schöpferischen Kraft des autonomen Individuums die bürgerliche Gesellschaft ihr ideelles Zentrum fand.

Das Subjekt wird in dieser Lyrik seiner schöpferischen Dimension beraubt, es äußert sich in der passiv-rezeptiven Rolle des Reagierenden, der den vielfältigen Reizungen der Umwelt Herr zu werden versucht, indem er sie im Gedicht selektierend festhält. Subjektivität konstituiert sich hier nicht mehr über den einmaligen, individuellen Lebensentwurf, sondern über das bewußte und wache Registrieren und Aufzeichnen der persönlichen Beteiligung an dem System der Massenkommunikation, in dem sich der einzelne nur als die rein zufällige Variante eines seriellen und uniformen Persönlichkeitsstereotyps erweist. Was den einzelnen von der Masse der Individuen noch unterscheidet, ist seine bewußte Auseinandersetzung mit dem konkreten Realitätsausschnitt, in dem er agiert. Seine Einmaligkeit bezieht das Subjekt nun aus dem Aneinanderreihen seiner persönlichen Wahrnehmungsprozesse, die sein einziger Besitz sind und die sich gegen jede Verallgemeinerung und Einordnung in ein System sperren. Brinkmann sah in Frank O'Hara einen Nachfahren des französischen Surrealismus und des Berliner Expressionismus, der allerdings seine radikale Hinwendung zu den banalen Objekten der alltäglichen Umwelt um die Dimension des wahrnehmenden Subjekts erweiterte: »Dem subjektiven Interesse wird der Vorrang gegeben und der Grad direkten physischen und psychischen Beteiligtseins gibt den Ausschlag.« (F.i.W, S. 208f) In der Unmittelbarkeit, mit der O'Haras Gedichte vor jeder rationalen Verarbeitung die unbewußte Wirkung der Dinge auf das Subjekt aufs Papier bringen, sah Brinkmann die Herausforderung seiner Texte.

Mit *Gras* unternimmt Brinkmann den Versuch, diese Konstruktionsprinzipien in seine eigenen Texte zu übersetzen. In dem Gedicht »*Für Frank O'Hara*« (St, 309ff) gibt er einen deutlichen Hinweis auf die bewußte Anlehnung seiner Texte an sein amerikanisches Vorbild. Wie Frank O'Hara siedelt Brinkmann sein Gedicht in einer konkreten, zeitlich und räumlich genau umrissenen Gegenwartssituation an: »Das ›persönliche‹ Datum / dieses Gedichts: Sonntag, / der 22. Juli 1969, 2 Uhr / nachmittags und ganz ver- / schlafen –«. (St, S. 313) Damit bekommt das Gedicht den privaten Charakter einer persönlichen Mitteilung, die einen dauerhaften Aussagewert über den Entstehungskontext hinaus leugnet. In dem Dialog von Kontinent zu Kontinent genügen einige wenige Stichworte, um sich über die gemeinsamen Probleme trotz räumlicher Distanz zu verständigen. Der europäische und der amerikanische Dichter wissen, was gemeint ist, wenn Brinkmann die Geschichte der beiden Kontinente als eine Geschichte der »Hygieneindustrie« und der »Gesundheitspolizei« zitiert: »Wie jeder weiß, 'schenkten' die / Matrosen des Kolumbus den Indianern / Syphilis.« (St, S. 312)

Amerika revanchierte sich für dieses Geschenk mit dem nach Europa importierten Gesundheitsideal, für jedermann erwerbbar in den zahllosen Produkten der Hygieneindustrie, die das Gedicht zitiert. Hinter diesem öffentlichen Diskurs über »Volksgesundheit« und «-hygiene« verbirgt sich das eigentliche Thema des Gedichts. Der Tod, als nicht kommunikationsfähiger Fakt, füllt die vielen Leerzeilen zwischen den beredten Zeichen aus, so daß sich am Ende das fortgesetzte Reden über »Sun-Tan-Lotion, Deodorants, Haarspray« u. a. als verzweifelte Abwehr der alltäglichen Todesbilder, konkret gesprochen der Verzweiflung zum Tode im »Selbstmord« entlarvt: »Wenn man sich einmal an das ›Leben‹ erinnert, was fällt / uns anderes dazu ein als / hinausgeschobene Selbstmorde, das Warten / auf einen Brief, Hustensaft, /Kopfschmerztabletten, / unbezahlte Rechnungen«. (St, S. 310) Solange der atemlose Redefluß des Gedichts nicht abreißt, scheint die Macht des Todes gebannt. Bis er sein Recht einfordert, zählt Brinkmann die traurigen Beweisstücke des Lebens unter den oben geschilderten historischen Bedingungen auf: »elf Tassen Kaffee, 73 / Zigaretten, neun Bücher, die durchgelesen werden, zweimal ins Ki- / no gehen, ein Eis zu dreißig und nachher 19mal hintereinander / ›ficken‹ –«. (St, S. 315)

Mit *Gras* zieht Brinkmann in seinem dreißigsten Lebensjahr Bilanz. Er tut dies im Sinne einer nüchternen Bestandsaufnahme, wenn er in einer Reihe von Gedichten unprätentios seine Alltagssituation schildert. Das Gedicht *Nach Guillaume Apollinaire* (St, S. 354 f) rekapituliert so die zentralen Stationen seiner Biographie. Ähnlich wie Apollinaire, der in seinem großen Gedicht *Zone* aus dem Band *Alcools* sein Leben an den verschiedensten Orten der Welt in surrealistischen Bildern erinnert, beschreibt Brinkmann seine Entwicklung von der Emanzipation von dem Elternhaus bis hin zu seiner desillusionierten, ungesicherten Existenz als freier Schriftsteller.

Nur in einem Gedicht des Bandes öffnet sich am Ende ein utopischer Horizont. Es ist das Gedicht *Wolken*, das Berndt Höppner nachträglich als Titelzeichnung für den Band *Standphotos* illustrierte. Er stellt das Gedicht mit seiner Magrittes *Le Poison* kopierenden Zeichnung in einen künstlerischen Zusammenhang, der einen möglichen Interpretationshinweis für das Gedicht liefert. Schon in dem kurzen Gedicht *Le fils de l'homme*, das Magrittes gleichnamiges Bild aus dem Jahre 1964 beschreibt, hatte sich Brinkmann zu dem belgischen Surrealisten bekannt, der in diesem Zeitraum in Europa wie in den Vereinigten Staaten von einem breiten Publikum emphatisch gefeiert wurde. Das Motiv der sich öffnenden Tür, durch die die unbegrenzte Weite des Himmels in den begrenz-

ten Raum eindringt, zitiert Brinkmann immer wieder als Metapher
für seine poetologische Konzeption der Ausweitung des Bewußtseins über die Grenzen von Raum und Zeit hinaus: »Vielleicht ist es
mir aber manchmal gelungen, die Gedichte einfach genug zu machen, wie Songs, wie eine Tür aufzumachen, aus der Sprache und
den Festlegungen raus« (Ww, S. 7), formuliert er in seiner Vorbe-
merkung zu *Westwärts 1 & 2*. *Wolken* ist zunächst einmal nichts
anderes als die schon aus anderen Gedichten vertraute Textcollage
des alltäglichen Materials: Das unaufgeräumte Zimmer, »die Zeitung von gestern«, »das Tempotaschentuch, / das die ganze Nacht
dort vor dem Bett gelegen / hat« und der blaue Himmel draußen,
der von Wolken durchbrochen wird. Die »Wolken« und das »Blau«
werden hier noch einmal zu Zauberworten, mit denen die Ausweitung des Bewußtseins in utopische Weiten beschworen wird: »Ein
paar Wörter ... ein paar, / die mir gefallen«, bekennt Brinkmann
hier. Das Wort »Wolken«, das er beziehungsreich in Anführungs-
striche setzt, wird zum Meditationswort für die Phantasie. Die realen Wolken am Himmel, »die auch gleich draußen über dir sind«,
verschmelzen zu einer Einheit mit dem Wort, das der Schreibende
auf das »Blatt Papier«, der weißen Leinwand des Schriftstellers,
bannt: »Es sind dieselben, die in dem Wort Wolken sind, // auf
diesem Blatt Papier, in meinem Zimmer, / in mir drin, / blau.«
Schreiben gelingt dann, dies ist die poetologische Botschaft des
Gedichts, wenn im Schreibvorgang konkrete Wirklichkeit in einen
utopischen Gehalt transformiert werden kann. Hier in der Sprache
des Gedichts wird die in der Realität gestörte Verständigung mit der
Partnerin möglich, der dieses Gedicht gewidmet ist. Im Gedicht ist
ein einziges Wort mächtig, die Schranken der Sprachlosigkeit zu
durchbrechen und die Partner harmonisch aufeinander zu beziehen. So rahmt M. Brinkmann den Band nachträglich durch einen
versöhnlichen Ausblick ein, der als schwaches Gegengewicht zu der
Grundstimmung der Leere und Verzweiflung die vage Hoffnung
auf die utopische Kraft des Schreibens aufscheinen läßt.

Science-Fiction

Essays

Nach der Veröffentlichung seines ersten Romans hat Brinkmann keine erzählende Prosa mehr geschrieben. Auch das zweite Romanprojekt, von dem er in den siebziger Jahren immer wieder spricht, bleibt unausgeführt. An seine Stelle tritt die Auseinandersetzung mit der Gattung selber, deren grundsätzlicher Charakter sehr schnell die Grenzen rein gattungspoetischer Überlegungen sprengt. In den wenigen, kurzen Texten, die in den Jahren 1969 – 1974 entstehen und die der Band *Der Film in Worten* versammelt, bedient sich Brinkmann der literarischen Form des Essays. In dieser Mischform findet er das adäquate Medium für seine »science-fiction«-Texte, die literarische, d.h. fiktionale Elemente mit wissenschaftlichen Theoremen und Forschungsergebnissen ineinander komponieren. Mit der wechselseitigen Durchdringung von Wissenschaft und Literatur erschafft sich Brinkmann ein Reflexions- und Ausdrucksmedium, das die Konkurrenz der getrennten Diskurssysteme überwindet. Wenn Brinkmann hier den literarischen Diskurs an den wissenschaftlichen anbindet, so tut er dies mit der Absicht, den Methodenzwang des wissenschaftlichen Denkens durch die Regellosigkeit des subjektiven Sprechens zu zersetzen. Aber nicht um abstrakte Denksysteme, um die Systemzwänge der Sprache geht es Brinkmann in letzter Konsequenz, sondern um die Bewältigung physischer und psychischer Verletzungen des Individuums, um die Befreiung aus den konditionierten sprachlichen Reiz-Reaktions-Schemata als Produzenten des individuell erfahrenen Leidensdrucks, der die Individuen bis in ihre physische Verfassung hinein schädigt: »Unsinnig ist doch, und zugleich grausam, mechanisch, daß Ich-Empfindungen, Selbst-Gefühle, das Bewußtsein von einem Selbst erst dann aufkommen, sobald Schmerz empfunden wird«. (F.i.W, S. 141) Um sich diesem konkreten Ziel der Rekonstruktion einer positiven existenziellen Grundsituation anzunähern, versucht Brinkmann in einem komplizierten Verfahren in das Organisationszentrum menschlichen Lebens, das Gehirn, vorzustoßen. Nach seiner Auseinandersetzung mit der modernen Biologie, Neurologie und Neurophysiologie, die zunächst durch die geistige Be-

hinderung seines Sohnes ausgelöst sein mochte, versteht Brinkmann in diesen Texten das Gehirn in Anlehnung an die konstrukti-
vistische Kognitionstheorie als ein abgeschlossenes, selbstreferen-
tielles System, dessen autonome Funktionen Möglichkeiten der
Lebensbewältigung, d.h. der Reaktionen auf Umwelt offenhalten,
die weder dem Alltagsbewußtsein zugänglich noch in den vorhandenen Sprachstrukturen kommunizierbar sind, ja vielmehr von
ihnen überlagert und verschüttet werden. In seinem Prosa Cut-up
Flickermaschine, zu dem es auch eine unveröffentlichte radikalisierte
Variation unter demselben Titel als Filmdrehbuch gibt, hat Brinkmann Ernst mit seinen Experimenten mit den Reaktionsmöglich-
keiten des menschlichen Nervensystems gemacht. In Selbstexperi-
menten durch Schlafentzug und Tabletteneinnahme, von denen
Maleen Brinkmann in einem Fernsehinterview des NDR berichtet
hat, entstand dieser Text. Mit der Erinnerung an Marylin Monroes
langsame Selbstzerstörung im »Teufelkreis von Benzedrin und
Schlaftabletten« (F.i.W, S. 89) übersetzt Brinkmann sein Selbstexperiment in ein bekanntes Bild aus der Realität. Sein zynisches Gedankenspiel mit den Möglichkeiten der biochemischen Manipulation
der Gehirnfunktion, die das Filmdrehbuch konsequent zu Ende
denkt, verweisen auf das »menschliche Gehirn« als »Wurzel des
Übels« (F.i.W, S. 87), von dem die Beschädigung des Ichs in der
Gegenwart ausgeht. Als Dokumentation assoziativer Gedanken-
blitze unter Ausschaltung des wachen Bewußtseins hat Brinkmann
seinen Text angelegt. So gerät die *Flickermaschine* zu einer Schutthalde schwer zugänglicher Inhalte des Bewußtseins. Damit intendiert das Selbstexperiment einen Prozeß der Selbstreinigung, den
Versuch, die verschütteten, negativ besetzten Felder des Gehirns
leerzuschreiben: »Ich ließ mir also das Gedächtnis abtasten, um
eine Lücke zu finden.« (F.i.W, S. 86)
    Nach der Erschöpfung aller Experimente mit den technischen
Medien als innovative Modelle für das Aufsprengen menschlicher
Wahrnehmungs- und Mitteilungsstrukturen setzt Brinkmann zuletzt auf das menschliche Gehirn als eigenständiges Medium des
Wahrnehmens und Erlebens, dessen verdeckte Funktionsmöglich-
keiten er hinter den vorgelagerten Denk- und Sprachstrukturen zu
erschließen versucht. Nachdem mit der Entwicklung des Compu-
ters die vorläufig letzte technische Revolution vollzogen wurde,
tritt er in Konkurrenz zu seinem analogen natürlichen Vorbild, dem
menschlichen Gehirn. In sein Programm der außersprachlichen
Nervenreaktionen vorzudringen, um es für eine innere Revolution
nutzbar zu machen, setzt sich Brinkmanns Schreiben fortan zum
Ziel. Um diese einzige Möglichkeit einer »Ausdruckssprache des

Lebendigen« (F.i.W, S. 288), wie Brinkmann mit Reich formuliert, Realität werden zu lassen, macht er die Dekonstruktion von Sprache zum zentralen Verfahren und Ziel seines Schreibens: »Der spätere Kampf um das eigene Bewußtsein geht darum, inwieweit die Barrieren der Wörter durchbrochen werden können, und damit die in Sprache fixierten Sinnzusammenhänge, bis in die eigene Vergangenheit zurück.« (F.i.W, S. 276) Hinter den Sprachstrukturen verschwinden alle anderen Formen menschlicher Aktionen und Reaktionen, Körper-, Nervenreaktionen werden, da sie einem anderen, konkurrierenden Ausdruckssystem als der Sprache angehören und daher in ihr nicht mitteilbar sind, in ihrer Existenz negiert. Das Abstraktionssystem Sprache herrscht über Körper und Nervensystem: »Das Geschmacksempfinden, Farbempfinden, Tastempfinden, Hörempfinden, Temperaturempfinden, jedes Wahrnehmungsorgan und damit alle Aufmerksamkeit für den Ort, die Zeit, die Umstände, die Umgebung haben sich verwischt, scheinen durch das Gedankensystem ausgelöscht. Wörter wie Gesellschaft, Repression, Anpassung, System beherrschen einen lebenden Organismus.« (F.i.W, S. 282) In seinen späten Texten versucht Brinkmann die Rede über innere Abläufe in den vorgegebenen Sprachstrukturen umzukehren zu einer Übersetzung der Gehirntätigkeit in einen anderen neuen Text. Auf dieser Ebene der Nervenreaktionen des Gehirns wäre auch dann das Ich zu verorten, dessen Bedrohung und Verstümmelung auf der sprachlichen Bewußtseinsebene Brinkmann immer wieder beschreibt.

Als Modell zu diesen »Gehirntexten« dient ihm die Rauscherfahrung, die durch die Umgehung d.h. Ausschaltung des Sprachsystems eine »Intensität der Erfahrung« ermöglicht, deren Ausdruck ein »totale[s] Stammeln[.]« (F.i.W, S. 276) wäre. In *Work in Progress*, dem ein Familienausflug mit dem Fahrrad als erzählerischer Hintergrund unterlegt ist, hat Brinkmann dieses neue Sprechen erprobt: »Gelbes wuschte blättrig getorkelt spreizüber & gramineenhaft hin&her, flüsterrieselte schlänglich geduckt über den Boden in spitzigen Einzelheiten, dasselbe, still, da, ich, schwallte aus mir raus und rein woanders zer, zerr, zer, zer, fussltklamm auchin so schwelich ludert glumm rübergezuckt, floßder mehr flühn,- & mirähm goschter stumm, ich ich, bis'n Riß da (motorische Hast) fieselte«. (F.i.W, S. 136) Diese Sprache des Nervensystems, mit ihren Wortneuschöpfungen und ihrer aufgelösten grammatikalischen Struktur muß allerdings notwendigerweise monologisch bleiben. In seinen bewegten Farb-, Klangvisionen am Ende der *Notizen* (F.i.W, S. 295), in *World's End* und den Wolkenflug-Halluzinationen in *Rom, Blicke* hat Brinkmann versucht Nervenreaktionen in Sprache zu übersetzen, deren Adressat das sinnliche Empfindungsvermögen des Lesers ist: »zärtliche Empfindung kam tiefe Magie das Entgegengesetzte hervorlocken zu können in sanftem Gehirnrhythmus Licht ohne Subjekt und Prädikat hier in der Gegenwart Zeit frisch und kühl spiegelten weiße Seiten blendende Helligkeit wieder menschenleer und schön anwesend wie ein Morgen im März fern in dem grauhellen Luftraum weit voraus geträumt klar und genau/ Licht floß in grellen, glänzenden Schüben lautlos an den Rändern ferner, durchscheinender Räume in der Luft entlang. Blendendes zerklüftet, in kalten gelben Stürzen, stand, ein lebendiger Anblick der Lautlosigkeit, im Raum. Dann rötlich Geflammtes ringsum. Glühende Lichttropfen wuchsen schweigend zwischen Grauschatten und schuppig schwerelos Gewölktes, das zu flammend erstarrte Luftbrocken wurde, entzündete starrflüssige Lichtmassen. Helle Räume brachen durch zu weißen ausschweifenden Labyrinthen, und die grellen weißen Lichttücher explodierten in luftiggrelle Gluträume. Mit leeren Stürzen von schrundigglühendem Weitweg füllte sich jetzt die blendende Luftstarre und farbige Formen Glanz erhoben sich, zogen hoch in die fernen weißflüssigen Räume, kalt flammende Lichtwände. Zarteres herum, dünn, und saust zummt schüzzelt Bläume und Flanzen glutgerändert kraus kältig mit farbig eisichen Hakken an Scharniere und Zement entlang hummt über Sand gebüschelt durch geästiges Leer von Stacheldraht rostig gesäumt nah.« (F. i. W, S. 118) In dem Farb- und Formenrausch der Schlußpassage von *World's End* verschmilzt das ungeschützte Ich, dessen Wahrnehmungsorgane ohne einen vorgeschalteten Filter grenzenlos aufnahmebereit sind, mit der Außenwelt. Seine Reise durch Raum und Zeit, seine Annäherung an das »Weitweg«, umschließt noch einmal metaphorisch die menschlichen Urszenen von Zeugung und Tod. Im Reisenden wie dem Leser erzeugt sie in schnellem Wechsel entgegensetzte Sensationen, glühende Hitze folgt auf Eiseskälte, Bewegung auf Ruhe, zerklüftete auf geschlossene Formen. Im Gehirnrausch werden die Gegensätze aufgehoben, die Widersprüche der Realität scheinen hier aufgelöst, die Menschheitsgeschichte fließt zu einem Punkt zusammen: »Prähistorische und posthistorische Landschaften, fern, in der Luft, Rauch schwebend, und die Augen dringen weiter in den abenteuerlichen großen Raum ein, der menschenleer ist, (da wohnt niemand), zerbrechende Formen, unbehauene Formen, aus Licht, ohne Wörter, ohne Sprache, ohne Sätze, ohne Verbote, Stürze von Helligkeiten, fern im Raum. (Lautlose Entrückung beim Zusehen, Aufnehmen, jetzt bewege ich mich darin, fern, umher, dringe weiter ein, tiefer vorwärts zwischen den Lichtmassen.)« (R. B, S. 392)

Hörspiele

Wenn Brinkmann in seinem literarischen Werk mit den verschiedensten technischen Medien experimentiert, so können seine Hörspielarbeiten wie seine 8mm- Kurzfilme nur als konsequente Verlängerungen der Ausweitung künstlerischer Darstellungs- und Ausdrucksmöglichkeiten verstanden werden. Radikaler als andere Hörspielautoren hat er denn auch die Möglichkeiten des Mediums für seine Absichten in Dienst genommen. Zumutungen an das Gehör sind seine Hörspiele und sollen dies auch sein. Weder sind sie dramatisierte Erzählungen im herkömmlichen Sinn noch werden die gesprochenen Worte zu einer kohärenten Sinnvermittlung genutzt. Das erste Hörspiel *Auf der Schwelle* geht sogar noch einen Schritt weiter, wenn es sich nicht an die sprachliche Reflexionsfähigkeit des Hörers richtet, sondern vielmehr als aggressive, akustische Reizung des Nervensystems seines Zuhörers funktioniert. Sein vorherrschender Inhalt ist die physische Gewalt in allen Variationsformen, seine Wirkintention die Erzeugung von Angstzuständen und -reaktionen. Als Gewaltausbrüche gegen die Sinne, als Verletzungen des Nervensystems wirken die verwirrenden, schwer identifizierbaren Stimmen, die an das Ohr des Zuhörers schlagen. *Auf der Schwelle* bildet eine Stimmencollage aus der Welt des Verbrechens. In seinem Kommentar zu diesem Hörspiel hat Brinkmann selbst darauf hingewiesen, daß er hier alle Elemente des Kriminalfalls versammelt habe, »der Mord, Reisen, körperliche Motorik, schnelle Wagen, Schüsse, Vernehmungen, Schläge, die Verurteilung durch den Tod in der Gaskammer«. (F.i.W, S. 6) Die einzelnen Elemente werden allerdings in einer verfremdenden, nicht chronologischen Ordnung dargeboten. Durch ihre Isolierung aus einem wie auch immer gelagerten kausalen Handlungszusammenhang entrückt er die Gewaltakte jeder beruhigenden Erklärung, entkleidet sie buchstäblich zur nackten Gewalt, die keinen nachvollziehbaren Sinn mehr transportiert, kein auslösendes Motiv mehr kennt, sondern nichts anderes mehr meint als sich selbst. Im Kommentar heißt es: »Der Psychiater Friedrich Hacker hat die Vermutung geäußert, daß gegenwärtig ein Stadium erreicht zu sein scheint, in dem aggressive Akte um ihrer selbst willen vollzogen werden und so Merkmale einer Sucht aufweisen.« (F.i.W, S. 6) Mit der Darstellung von Gewalt als Selbstzweck rührt Brinkmann wie mit seinen pornographischen Texten an eine Tabugrenze, indem er nicht nur an verbotene Schichten des Unbewußten appelliert und damit an die zerstörerische Natur des Menschen erinnert, die er mit Robert Ardreys prähistorischen »Mörder-Affen« (F.i.W, S. 6) belegt sieht, sondern auch von einer »Faszination« (F.i.W, S.5) der Gewalt spricht.

Eine weitere, andere Faszination, die Brinkmann dem Typus des Gangsters abgewinnt, liegt in seiner radikalen Außenseiterposition. In ihm verkörpert sich die totale Negation der menschlichen Gesellschaft, die er in seiner ständigen Verletzung ihres Regelsystems zum Ausdruck bringt. In seinem Roman hat Brinkmann eine Apologie auf den Gangster formuliert: »Der von Ed Sanders geforderte totale Angriff auf die Kultur kann nicht mehr länger durch systemimmanente Kritik erfolgen, sondern nur noch durch Kritik von außen, das heißt von Kriminellen, Süchtigen, Farbigen. Sind wir alle kriminell? Marx vertagte alle wesentlichen menschlichen Probleme auf die Zeit nach der Revolution, aber es ist jetzt nach der Revolution.« (K.w.m, S.173) Einen weiteren Aspekt der partiellen »Überlegenheit« des Gangster benennt Brinkmann in seiner Spiegel-Rezension der Memoiren Virginia Hills, die u.a. eine Quelle für sein Hörspiel bilden: »Die Figur des Gangsters kommt aus dem Bereich, den rationalistisches Denken gern ignoriert; verschont von Selbstreflexion, kann er seinen Instinkt ganz auf die Beherrschung der Gegenwart richten und die Lücken in den Bedürfnissen zu seinem Vorteil nutzen; die Rebellion darin ist jedoch verkümmert zum übertriebensten Bürgertum, zum krude pointierten Modell erfolgreichster Anpassung.« (110) Diese Unmittelbarkeit und Authentizität, die der Figur des Gangsters anhaftet, hat ihre Ursache nicht zuletzt in einem Faktum, das Brinkmanns Analyse verschweigt. Dennoch oder gerade deswegen kann es als zentrales Motiv für Brinkmanns Apologie des Gangsters angesehen werden. Es ist das unmittelbare, natürliche Verhältnis zum Tod, als Bereitschaft zu töten oder Bewußtsein von der permanenten Bedrohung des eigenen Lebens, das den gesteigerten Realitätsbezug und die konzentrierte Realitätswahrnehmung des Gangsters kennzeichnet.

Auf der Schwelle bewegt sich das Hörspiel in mehrerer Hinsicht, indem es Grenzsituationen in Szene setzt, in denen rationale Ordnungsstrukturen außer Kraft gesetzt werden. In einer Grenzsituation zwischen Leben und Tod bewegen sich die zum automatischen, bewußtlosen Sprechen gezwungenen Stimmen. Wie im Übergang vom Leben zum Tod verwischen sich auch die Grenzen zwischen Realität und Fiktion, zwischen Delirium und wachen Bewußtseinszuständen der sprechenden Figuren. »Die Geheimnisse von Leben und Tod schweben über diesen Worten«, heißt es in Burroughs Vorbemerkungen zu *Die letzten Worte von Dutch Schultz*, die Brinkmann als Vorbild und Quelle für sein Hörspiel dienten.

Der Tierplanet realisiert noch einmal als »Erweiterung eines ge-

wöhnlichen, alltäglichen Albtraums« (F.i.W, S. 150) Brinkmanns
sprachtheoretische und verhaltenspsychologische Kritik der Essays
wie der späten Tagebücher. Alfred Korzybski und Wilhelm Reich,
die Brinkmann in langen Redepassagen zu seinem Sprachrohr
macht, werden zu Repräsentanten einer wissenschaftlichen Revolution, die die Systemgrenzen des alten Denkens sprengt. Wiederum
geht es um den Ausbruch des an sprachliche Strukturen gefesselten
Denkens und Verhaltens, die Steuerung der Empfindungsfähigkeit
durch Sprache. Korzybskis kritische Analyse der Funktion von
Sprache bringt Brinkmann so auf den Punkt: »Heute, von Kindheit
an, impfen wir Wörter und Sprache zuerst ein, und die Fakten, die
sie repräsentieren, kommen in der Bewertung danach, eine andere
pathologische umgekehrte Ordnung, durch die wir unbewußt trai-
niert werden, Wörter mit Fakten zu identifizieren.« (F.i.W, S. 196)
Unter dieser Prämisse muß auch die klassische Psychoanalyse
Freudscher Prägung ihr Ziel verfehlen. Mit ihrem Gegenspieler Wilhelm Reich kennzeichnet Brinkmann sprachlich konstituierte The-
rapieansätze als tautologische Unterfangen mit Selbsttäuschungs-
charakter. Auf seiner endlosen Identitätssuche dreht sich das
sprachlich zugerichtete Ich um sich selbst, indem es die Fiktion von
dem selbstbewußten autonomen Individuum reproduziert, ohne an
die Ursachen seiner Deformation rühren zu können: »Und so werden Sie Nirwanasüchtig und legen sich auf eine Couch und dösen
ein wenig über Ihre eigene Vergangenheit, die Sie nie besessen
haben. Also fangen Sie wieder wild zu reden an, und die Luft wird
immer dünner, während gespenstische leere Zeichen und Gesten
den weichen, samtenen Raum füllen. Die Wortsprache verdeckt die
Ausdruckssprache des biologischen Kerns, eine ständige Betätigung
der Hals und Stimmuskulatur, in der Stille ein Gefühl, als müßten
Sie platzen.« (F.i.W, S. 194f.) Diese theoretischen Postulate werden
durch fragmentarische Erfahrungsberichte und Selbstaussagen aus
unterschiedlichen Lebensphasen von der Kindheit bis ins hohe Er-
wachsenenalter angereichert, die in ihren Äußerungen noch einmal
die langen Sprechpassagen der Theoretiker auf der Erfahrungs-
ebene verdoppeln. Die Hörspielrealisation des WDR montiert
diese verschiedenen Sprechertexte über weite Strecken ineinander,
in denen ein eindringliches Hörerlebnis verschiedener Möglichkeiten der Artikulation von Angst entsteht. Angst wird in diesen Texten zum paradigmatischen Erfahrungsmuster der Gegenwart, zur
einzigen unmittelbaren, authentischen Erlebensform, zur letzten
kommunizierbaren Möglichkeit der Selbstaussage: »Angst, daß das
Haus einstürzt, Angst, nicht mehr atmen zu können, Angst vor
Haarausfall, Angst, daß der Aufzug explodiert, Angst, zu stottern,

Angst, zuviel Angst zu haben, Angst, daß die Straßenbahn um-
kippt, Angst, daß ein Reifen platzt, Angst, daß mir die Tasse aus der
Hand fällt, Angst, an Krebs zu sterben, Angst, gegen die Mauer zu
prallen, Angst, einfach nur Angst«. (F.i.W, S. 178) Angst als Motor
des Schreibens und dominantes Motiv, das in unendlichen Variationen die Texte durchzieht, bringt das späte, autobiographische Werk
Brinkmanns immer wieder zum Sprechen. Nach Luhmann steht
die »Autopoiesis des Bewußtseins« in der Gegenwart unter dem
Zeichen einer »Rhetorik der Angst«: »Wer bekennt, er habe (für
sich selbst und für andere) Angst, befindet sich damit auf unwider-
legbaren Grundlagen und zugleich außerhalb aller Kommunika-
tionsmedien. Man kann Angst weder wegbefehlen noch wegregulie-
ren, weder abkaufen noch widerlegen.« (Luhmann. S. 73)

Brinkmanns letztes Hörspiel *Besuch in einer sterbenden Stadt* –
eine Auftragsarbeit für den WDR – präsentiert Erinnerungsfrag-
mente und Gegenwartsbeobachtungen des Autors in der für das
späte Werk typischen Schnittechnik, die das Hörspiel jeweils durch
ein »kurzes knackendes Geräusch« umsetzt. Themen und Inhalte
der einzelnen Fragmente sind mit denen der großen autobiographischen Texte *Rom, Blick, Erkundungen,* und *Schnitte* identisch.

Traummaschine Körper

»Eiswasser an der Guadelupe Str.«

Eiswasser an der Guadelupe Str. stellt eine Übergangsform zwischen dem noch von der amerikanischen Lyrik beeinflußten Band *Gras* und dem letzten Gedichtband *Westwärts 1&2* sowie den späten Prosatexten dar. Als ein langes, in verschiedene Abschnitte gegliedertes Prosagedicht führt es die in *Gras* begonnene autobiographische Themenstellung und die persönliche Adressierung seiner Texte an eine Person konsequent weiter, die für seine späte Prosa kennzeichnend ist. Der Band entstand während Brinkmanns Aufenthalt am German Department der University of Texas in Austin im Jahr 1974. Mit den einzelnen Texten versucht Brinkmann seine Amerikaerfahrung in Worte zu fassen, um seiner Frau in Köln die Bedingungen seiner Existenz in Amerika zu vermitteln. Die zentralen Themen dieses langen Prosagedichts decken sich bis in die Formulierungen hinein mit Passagen aus seinem letzten Gedichtband. Der Gegenwartsanalyse einer synthetischen, vom Menschen bis in die letzten Nischen beherrschten und verwalteten Welt geht er hier am Beispiel des amerikanischen Kontinents nach: »Kühe in Dosen, Wälder / in Papier, Menschen in / Staaten, einzelne Wörter.« Parallel zu der Geschichte Europas in *Westwärts 1&2* konstruiert er hier die Geschichte des historisch fortgeschrittensten Kontinents und kennzeichnet das historische Experiment Amerika, das nur noch in der sprachlichen Fiktion fortbesteht, als gescheitert: »Wie ein Fossil / verfolgst Du, USA, die Spuren der // gescheiterten Geschichte! Und das / begreifst Du nicht, Amerika! Die Staaten // sind Vorschriften! Du vermehrst sie, mit Deinem geschichtlichen Rotz! // Gezwängte kamen an dieses Ufer, krochen / durchs Land, machten den Zwang noch einmal! // [...] Amerika, Du kaputte // USA, Du bist eine Fiktion! Die Luft, sehr leicht und anmutig, ist keine Fiktion! // USA, Du bist nurn Wort! [...] Also hol Deine Flagge / ein und lass sie den Boden berühren // und verbrenne den Fetzen, das olle Symbol!«

»Westwärts 1&2«

Westwärts 1&2 ist ein großes lyrisches Gemälde über den Zustand der westlichen Zivilisation im Stadium ihres Zerfalls. Aus der Totalschau, die dieser Band als großes Prosagedicht entfaltet, werden in zyklischen Wiederholungen und Variationen die Einzelelemente dieses Verfalls isoliert und als Bruchstücke einer unheilvollen Schreckenslandschaft ausgestellt.

Geschichtsschreibung betreibt dieser Band gleich auf mehreren Ebenen. Als Geschichte des Abendlandes schlägt er einen Bogen von der Antike bis zu den europäischen Zentren der Gegenwart, als Auseinandersetzung mit der modernen Anthropologie und Neurologie faßt der Text Menschheitsgeschichte in den Blick, zuletzt konstruiert er als erlebte Geschichte die bundesdeutsche Entwicklung seit dem Zweiten Weltkrieg. In den beiden großen Titelgedichten, die Brinkmanns Flug nach Amerika (*Westwärts*) und seinen Rückflug nach Köln (*Westwärts, Teil 2*) thematisieren, werden diese getrennten Geschichten zu einem vielschichtigen Tableau der Menschheitsgeschichte zusammengeschlossen. Mit dem alten Europa faßt Brinkmann in *Westwärts, Teil 2* eine fast zweieinhalbtausend Jahre umfassende Geschichte in den Blick, die er als fortlaufenden Entwicklungsprozeß der Selbstzerstörung konstruiert. Anfang und Endpunkt dieser Geschichte der abendländischen Kultur markiert Brinkmann mit der vorsokratischen Philosophie und den Vertretern der europäischen Literatur und Philosophie des 19. und 20. Jahrhunderts, Rimbaud und Nietzsche: »›Was ist mit den Tümpeln, Rimbaud?‹ (Was mit deinem / abfaulenden Bein, im Zug, mit der Schwester, / Umsteigen in Paris, die alte Daguerreotypie? / Hast du dich zu lange in der Hölle aufgehalten? / Und Fritz, der oben im Zimmer mit Kamillentee / behandelt wird, Nietzsche? Er wird zum Klavier / geführt, das an der Wand steht, und / er macht etwas Musik, während / der Fotograf die richtige Einstellung / sucht.)« (Ww, S. 59) Bereits die Eingangspassage des Gedichts spielt auf dieses Abschlußbild des an der Pfütze Europa spielenden Kindes aus Rimbauds großem Gedicht *Le Bateau ivre* an: »›Zurückgekehrt in dieses traurige, alte Europa...‹ / und, und / die Tümpel, Rimbaud!« (Ww, S. 48) Hier intoniert Brinkmann das Grundmotiv von der häßlichen Ruine Europa, dem er die spekulative Kosmologie der Vorsokratiker als dunkle Drohung wie als Gegenbild zur Seite stellt: »Glutwindröhre, // Die Erde ähnlich einer Steinsäule, // Die Sonne breit / wie ein Blatt.« (Ww, S. 48) In dem subjektivistischen, aus sinnlicher Anschauung gewonnenen Naturverständnis der Vorsokratiker findet er einen utopischen Widerpart zu dem empiristischen, auf Naturbeherrschung setzenden Weltbild der Gegenwart. Hier in den Anfängen des abendländischen Denkens sucht Brinkmann jene Vorstellungen auf, die dem späten Nachfahren einen neuen, visionären Sinn erschließen: »Und ist das nicht so, daß / weiter südlich / in der Zeit zurück wußten / sie, ›nach dem Schatten altert / am schnellsten die Zeit‹«. (Ww, S. 49) Das bedeutet mit Gegenwartssinn gelesen, daß die von Erstarrung und Tod gekennzeichneten Menschen, deren Existenz nicht mehr konkret, sondern nur noch scheinhaft, schattenhaft ist, Vorboten des Endes der Geschichte sind. Daher ist die große Bewegung der Gegenwart, die in allen isolierten Bildern des Gedichts bezeugt wird, die stillgestellte Bewegung zum zivilisatorischen Genozid hin. So findet auch Heraklits dialektisches Geschichtsbild seine Erfüllung in dem »Verhängnis«, das die Welt wieder in Feuer, aus dem sie erstand, auflöst. Mit Heraklit, den Brinkmann mehrfach namentlich in dem Gedicht zitiert, sieht er die Ursachen für die innere Notwendigkeit, mit der die Welt auf ihren Untergang zusteuert, im Logos, der Weltvernunft. Daher ist Geschichte in Brinkmanns letztem Gedichtband an ein Ende gekommen, Fortschritt im Sinne linearer Entwicklung ist nicht mehr denkbar, hieße bloß unerträgliche Potenzierung einer erstarrten, negativen Geschichte, die nur als imperialistische Ausdehnung und Perfektionierung ihres anonymen Herrschaftszusammenhangs denkbar erscheint. Natur- und Sprachzerstörung, die staatlich sanktionierte Herrschaft von Wirtschaftsinteressen und blindem technologischem Fortschritt sind die Determinanten jenes erdrückenden Gesamtzusammenhangs, an den das beschädigte Individuum gekettet ist. Der Schreibende ist das exemplarische Subjekt, das, diesem undurchschaubaren Zusammenhang ausgeliefert, die Deformation seiner selbst wortwörtlich am eigenen Leib nachbuchstabiert. Seine Geschichte, die eine Geschichte der fortschreitenden Verstümmelung ist, wird zum Paradigma dieses heillosen Weltzustands. *Westwärts 1&2* gerät Brinkmann so zur modernen Apokalypse in Form einer lyrischen Autobiographie. Brinkmanns negative Geschichtskonstruktion gipfelt, dies machen die Traumpassagen von einer sprachlosen Existenz im menschenleeren Norden deutlich, in einer rückwärtsgewandten Sehnsucht, die die Zivilisationsgeschichte bis zu ihren Ursprüngen zurückgeht.

Westwärts 1&2 wird durch zwei Fotoserien zusammengehalten, die das Strukturprinzip des Bandes bildlich erläutern. Jede Fotoseite veranschaulicht die Vorstellung einer zum Großraumterritorium zusammengeschmolzenen uniformen Welt. Im bruchstückhaften Detail, das die Fotos ins Bild setzen, zeigt sich eine Welt universeller Zerstörung, zu der die einzelnen konkreten Orte – nur unterscheidbar durch sichtbare sprachliche Zeichen oder Restbestände einer regional geprägten architektonischen Eigenheit – als stumme Zeugen die Indizienbeweise liefern. Die erste Bildserie richtet den Blick aus einer starren, gleichbleibenden Perspektive auf eine uralte, scheinbar tote Natur: Knorrige, alte Bäume, fast völlig entlaubt, heben ihre verschlungenen Äste wie dunkle Scherenschnitte von ihrem hellen Hintergrund des Himmels ab. Immer wieder schieben sich diese stereotyp abgelichteten Baumkronen zwischen die anderen, auffallend menschenleeren Fotos der westlichen Zivilisation. Ihr dauerhaftes Schweigen und ihre sich ohne Gesetz und Ordnung immer weiter verästelnden Kronen, die ein genaues Abbild des menschlichen Nervensystems darstellen, werden zum Spiegelbild des Bewußtseins des Autors, der ihnen ihre stumme, geschichtslose Existenz neidet. Diesen Bildern von einer stillen, ruhigen, wenn auch beschädigten Natur korrespondieren einzig die Landschaftsaufnahmen aus Brinkmanns Heimat, dem Vechtaer Moor. Auch hier ist der Mensch abwesend, und die Natur erobert sich in einem langwierigen Selbstheilungsprozeß ihr Recht zurück, indem sie ihre vom Menschen zugefügten Verletzungen mit Wildwuchs überwuchert. Wo der Mensch in die Natur eingreift und seine Zeichen hinterläßt, nimmt ihre Zerstörung zu. Den Bildern aus dem Moor bei Vechta stellt Brinkmann kontrastierend Fotos gegenüber, die die Landschaftszerstörung in der Massenzivilisation kenntlich machen: Die zur Baustelle gewordene Natur, deren Unwegsamkeit durch einen Brückenbau zerstört wird und die zersiedelte Landschaft in der italienischen Provinz, in der halbfertige Betonruinen den Blick auf nackte Erde, Schotter und kahle Hänge, nutzloses, weil unwirtschaftlich gewordenes Land, freilegen. In den Städten, der künstlich geschaffenen Natur des Menschen, hat er selbst keinen Platz mehr: Geschäftshäuser, Banken, Parkdecks sind die Zeichen einer inhumanen Architektur und Städteplanung, die die Menschen aus ihrem selbstgeschaffenen Lebensraum vertrieben haben. Ob Chicago, London oder Köln macht hier keinen Unterschied mehr. Parkhäuser statt Wohnungen, Autos statt Menschen beherrschen in Köln, London und Chicago das Bild der Stadt. Menschliche Sprache ist in diesen Bildern zur leeren Formel der Werbung und der Verbotszeichen geworden: »One Way«, »Dont Walk«, »Wrong Way«, »Do not enter« heißen die letzten Botschaften des Menschen, die in dieser Bildcollage einen anderen Sinn gewinnen: »Wrong Way« und »Do not enter« stehen als wörtlich zu nehmende Warnungen über dieser westlichen Zivilisation, deren »Exit« sich hinter einer zur Ruine verkommenen Tankstelle auftut. Versöhnliches hat dieser Fototeil nicht anzubieten, es sei denn die Stille einer vom Menschen wieder befreiten Natur, wie sie Brinkmann in seinen Texten als negative Utopie beschreibt.

Wie die Fotoserien präsentieren auch die Texte des Bandes konfus kombinierte Bilder ohne einen festen Bezugsrahmen. Einen fortlaufenden, kausal verknüpften Text findet der Leser hier nicht mehr vor. Vielmehr zertrümmert der Autor mit seinen Gedichten nicht nur die grammatische Struktur sprachlicher Äußerungen, sondern durchbricht auch die Regeln der semantischen Ordnung. Gegen Ordnung als Ordnung rationalen Denkens, Gesellschaftsordnung, Ordnung des Geschichtsprozesses richtet sich sein Verstoß gegen jede sprachliche Konvention. Anfangs- und Endpunkte gibt es in dieser Lyrik nicht mehr oder nur noch in einem formalen Sinn. Das Gedicht entwickelt sich nicht mehr als fortschreitender Aufklärungsprozeß, es hat kein Zentrum und keinen Höhepunkt, auf den es hin konzipiert wäre. In Brinkmanns später Poetologie heißt es dazu: »Und so ist immer der jeweils zuletzt geschriebene Satz ein Ende gewesen, von dem ich mit jedem Mal neu beginnen mußte, also lauter Endpunkte, aber genausogut und zutreffend ist, Anfänge, und diese Anfänge ausweiten, gehen, fortgehen.« (U.N, S. 235) Was sich hier hoffnungsvoll und optimistisch gibt, hat eine wirkmächtige Kehrseite, in der die diametral entgegengesetzte Tendenz, die Erfahrung eines Mangels, deutlich wird: »Daß diese Abflüge dann jeweils wieder dort landeten, wo ich gerade war, mag zeigen, wie schwerfällig tatsächlich Sprache ist, ein Fossil. Der Abflug mündete wieder in ein paar Wörter, einen Satz, meinetwegen abgebrochen, meinetwegen fragmentarisch, meinetwegen unklar. Hätte ich eine Theorie anzubieten, ein Weltbild, eine Ansicht, eine Ideologie, wäre mir zu schreiben leichter gefallen. So aber ist nichts außer dem einen Augenblick, an dem ich schreibe, da gewesen.« (U.N, S. 235)

Was dabei herauskommt, sind Texte die ihre Entsprechung in der Traumstruktur haben. Der Traum kennt nach Freuds Analyse weder logische Beziehungsstrukturen noch Größen wie Raum und Zeit, sie sind ihm beliebig verfügbar und austauschbar; er springt ohne Zäsuren zu setzen oder Übergänge zu markieren auf der Zeitspur hin und her. Ihm ist alles gleich nah und fern, wenn er vertraute Kontexte verrückt, Ordnungsstrukturen negiert. Im Traum wird alles zur Gegenwart. Diese Struktur verdankt der Traum seinen Darstellungsmitteln, die Freud als Verdichtung, Verschiebung und Überdeterminierung gekennzeichnet hat. Der Traum wird so zu einer »Bilderschrift« (Freud. Studienausgabe. Bd. II. S. 280), deren Entzifferung nicht über die Analyse einzelner Bildwerte, sondern nur über die der »Zeichenbeziehung« unter-

77

einander zu leisten ist. Brinkmann selbst hat die Verwandtschaft seiner Texte mit der Traumstruktur beglaubigt, wenn er ein Sprechen in Bildern als poetologisches Konzept propagierte. So versagen die bekannten Strukturen der logisch kausalen Verknüpfung gegenüber seinen Texten in Traumform, die jede Struktur zugunsten der Vervielfältigung von neuartigen Konnotationsmöglichkeiten auflösen. Der Text wird dadurch im eigentlichen Wortsinn zum Gewebe, das unendlich viele gleichwertige Verknüpfungen in sich birgt und an dessen Knotenpunkten verschiedene, scheinbar entfernte Bilder zu einem fragilen Kontext zusammenfließen, um sich im nächsten Moment wieder für neue Kombinationen aufzulösen. Dadurch entsteht ein changierendes Geflecht beliebig vieler Zeichenbeziehungen, die sich gegenseitig schneiden und überlagern. Der einzelne Bildwert entzieht sich einer eingrenzbaren Bedeutung, da er mit jeder neuen der vielen möglichen Beziehungen, die er im Strukturnetz des Textes eingehen kann, sich gleichzeitig in seiner Wertigkeit verschiebt und neue Bedeutungskomponenten dazugewinnt. Mit der Bildersprache des Traums stellt Brinkmann neue Konnotationen der Begriffe her, indem er sie in fremde Kontexte einstellt, neue Beziehungen unter ihnen herstellt, um an der Dekonstruktion von Sprache zu arbeiten. So wie der Text in jedem Moment in seine Einzelteile zerfällt, stellt er auf der anderen Seite einen einzigen geschlossenen dar. Brinkmann hat diesen Tatbestand am Beispiel der Drogenkonsumenten als »die Panik der Rauschmittelverzehrer« beschrieben, die »überall Zusammenhänge von Verfolgung« herstellt, »die tatsächlich vorhanden sind«. (U.N, S. 238) Der Schriftsteller wie der Träumer und der Drogenkonsument erkennen die Ordnung, die sie bedroht, nicht mehr an und lösen sie auf in ein verwirrendes Knäuel von atomisierten Zeichen. Als Negativ eines totalen Gewaltzusammenhangs schlägt sie auf den Betrachter zurück. Die Zertrümmerung der Form im Gedicht als literarische Adaption der Traumstruktur ist Ausdruck der Abwesenheit zumutbarer Ordnung wie der Auflösung von Subjektivität. Die einzelnen Wortgebilde, mit denen die Gedichte aufgefüllt werden, verweigern sich der sprachlichen Sinnstiftung. Sie bestehen aus dem Abfall konkret wahrnehmbarer Realitäts- und Sprachfetzen. Das Gedicht wird zur Schutthalde absurder Zeichen. Gegen die Dominanz der Zeichen- und Bedeutungsflut setzt sich der Schreiber zur Wehr, indem er ihre Gewalt durch die Verdoppelung im Prozeß des Notierens offenlegt. Dies ist die subversive Funktion des Schreibens, die der Autor seiner subjektiven Entmächtigung entgegenhält.

Westwärts 1&2 weist mehrere Assoziationsketten auf, die für sich genommen positiv oder negativ bestimmt sind. In den vier positiv bestimmten Bildreihen des Bandes werden so verschiedene Vorstellungsgehalte verdichtet: Mit dem Bild der »Tür« konnotieren »Leinwand«, »Traum«, »Blau«, mit dem »Tier«- »Althirn«, »Labyrinth«, »Wortlosigkeit«, »Wildheit«, mit dem »Norden«- »Mondlicht«, »Land«, »Apfelbäume«, »Ebene« und zuletzt mit »Musik«-Sexualität«, »Körper«, »Pflanzen«, »Sonnenblume«. Negativ bestimmt sind dagegen die Bildreihen »Schatten«- »Wörter«, »Stadt«, »Zivilisation«, »Ruine«, »Süden«, und »Krieg«- »Ruine«, »Kindheit«, »Erinnerung«, »Geschichte«, »Gesellschaft« und zuletzt »Sprache«- »Geld«, »Gesellschaft«, »Staat«, »Panik«, »Abstraktion«. Aus einer solchen neuen Zusammenstellung überdeterminierter Bilder, die ihre entfernten und verstreuten Standorte im Textgefüge annähern, wird die innere Geschlossenheit des strukturell atomisierten Textes wie seiner Teile deutlich. Es erweist sich, daß an den Enden der positiv bestimmten Bildreihen jeweils die Abwesenheit von Sprache steht. Während auf der anderen Seite die negativen Bildreihen alle im Faktum der Sprache enden und in letzter Konsequenz in den Tod einmünden. Das heißt, daß alle Gedichte in scheinbar endloser Variation immer wieder dasselbe sagen.

»He, ich bin im Krieg geboren««, heißt es in *Westwärts, Teil 2*. (Ww, S. 50) Welches Gewicht diesem Datum zukommt, belegt nicht zuletzt auch die zweimalige Variation dieses Satzes im weiteren Verlauf des Gedichts. Diesen Tatbestand nimmt Brinkmann in die Verantwortung für die negative Besetzung seiner Biographie und die Entwertung von Geschichte, Gesellschaft und Sprache. Als Kontinuitätszusammenhang der Negativität wird der Krieg zum Schlüssel seines Gegenwartsbewußtseins, das die Texte einholen. Was damit gemeint ist, macht Brinkmann durch ein Sprachspiel deutlich, das sein Vorbild in den Wortkombinationen und -neuschöpfungen der Traumarbeit hat: »(war: ist Krieg, / Vergangenheitsform)«. (Ww, S. 74) Das englische Wort für Krieg und die deutsche Vergangenheitsform fallen nur dem Anschein nach zusammen. Das Spiel mit den Sprachen versagt gegenüber der Realität, es wird zur Lüge.

Erinnerung bezeichnet in diesem Kontext einen schmerzhaften Prozeß einer sich wiederholenden Einschreibung und Konditionierung von Angst, Haß und Selbstverachtung. Als biographisches Datum steht der Zweite Weltkrieg für eine zerstörte Kindheit, den Mangel an Zuwendung, Geborgenheit und Urvertrauen. Es sind immer wieder dieselben, abzählbaren Erinnerungen, in denen der Krieg für den Autor konkret wird. So unscheinbar auch die einzelnen Details anmuten, so fangen sie doch den subjektiv erlittenen

Verlust als Zeichen einer weit über die physische Bedrohung von Leben hinausgehenden Zerstörung ein. Für den Erwachsenen setzt sich der erfahrene Verlust der Kindheit im Mangel an Vertrauen in Sprache fort. Diesen Zusammenhang stellt Brinkmann in *Westwärts, Teil 2* dar, wenn er sein gestörtes Verhältnis zu der deutschen Sprache mit dem persönlichen Kriegserlebnis in einen unmittelbaren Begründungszusammenhang bringt: »Ich schaute auf / diese Wörter. / Ich versuchte einen Sinn darin / zu erblicken. Ich dachte daran, wie jetzt / das Innere des Bewußtseins / erscheinen mochte, das // einmal vollständig angekleidet // mit Zeitungspapier um / die Kinderschuhe gewickelt / zu Bett gebracht worden war.« (Ww, S. 50) Dem folgt in seiner erinnerten Lebensgeschichte eine freudlose Kindheit und Jugend während der Nachkriegszeit, in der sich die Prägung der Negativität fortsetzt und als Stigma seiner Generation erweist. *Das Lied von den kalten Bauern auf dem kalten Land, / Nordwestdeutschland, Krieg und Nachkriegszeiten* (Ww, S. 112f.) zählt die Fakten dieser Kindheit auf und reiht sie lakonisch hintereinander. Als einzelne Bruchstücke fügen sie sich zu einer bedrückenden Atmosphäre aus Angst und Verlassenheit zusammen. Das Angstmuster bildet hier die Koordinate der Erinnerung, die dem akuten Trauma der Gegenwart in der eigenen Biographie nachspürt. In der Kindheit trägt die Angst den Namen Einsamkeit. Daher können die kindlichen Entdeckungsreisen in die weite Natur in der Umgebung Vechtas nicht als glückhafte Momente erinnert werden, sondern verkehren sich zu Drohungen einer feindlichen Umwelt. Neunzehnmal werden die erinnerten Orte und Situationen der Kindheit mit dem Wort »allein« eingeleitet. Menschen kommen in dieser Aneinanderreihung der Zeugnisse seiner Einsamkeit nicht vor. Die Defizite, die das Kind erfährt, rühren nicht nur von dem Zwang her, sich seine Umwelt selbst erschließen zu müssen, sondern vor allen Dingen von der dumpf lastenden Atmosphäre der Angst und des Schreckens, die die hilflosen Erwachsenen an das Kind ohne Erklärung weitergeben: »Allein mit der // Angst meiner fremden Mutter, allein mit der Abwesenheit meines / fremden Vaters, allein mit dem Bahndamm in der Nähe«. (Ww, S. 112) Die Umgebung des Kindes lädt sich mit jener bei den Menschen beobachteten Angst auf, sie wird zur Bedrohung für das Kind, das durch den Zwang, sich selbst in der unbegriffenen Situation zu orientieren, überfordert ist. Seine Schulzeit wird zur Fortsetzung der schicksalhaft erfahrenen Unterdrückung und Demütigung nach dem Krieg: »Es gab die Angst in den Schulbüchern, es gab einen / Schulausflug, der mit Schmierseife bezahlt werden mußte. [...] Es gab die Schläge auf die Fingerspitzen der hingehaltenen / Hand, bis die Fingerspitzen gefühllos geworden waren. Das wurde die /Buchstabiermethode genannt und hieß später die Rechtschreibstunde // in Deutsch.« (Ww, S. 112) Spracherwerb wird zur Disziplinierung des Subjekts. Für das Kind wie für die Erwachsenen gibt es kein Ende des Kriegs, dort wo sich der Krieg mit anderen Mitteln als Zurichtung des Subjekts fortsetzt. Sie wird geduldet von der Elterngeneration, die ungebrochen ihre alten Orientierungen nach dem Krieg wieder aufnimmt: »Und das // Gespenst einer Buchungsmaschine machte Krach bis in den Schlaf [...]. Sie hatten das Leitfossil nicht vergessen.« (Ww, S. 113) Hatte der Krieg sie aus Angst gelähmt, so macht sie nun ihr oberstes Ziel, der Fetisch Geld, blind für ihre Fortsetzung der Geschichte mit anderen Mitteln. Die einzigen Glücksmomente, die das Kind für sich erfährt, liegen daher außerhalb der menschlichen Gemeinschaft: »Da war die Liebe eine rote Tomate, die in der dunkelsten Ecke des / kleinen Stücks Erde glühte, wüst und klar, die Tomate brauchte nicht / das Unterhemd wechseln, die Tomate brauchte nicht die Hände zu // waschen, neben dem Quatsch einer Staude Tabak.« (Ww, S. 113) Instinktiv distanziert sich das Kind von der Gemeinschaft der Erwachsenen, deren Forderungen und Gebote es als despotische Herrschaft über seine berechtigten Bedürfnisse und Hoffnungen erfährt, nachdem sein unveräußerlicher Anspruch auf emotionale Geborgenheit enttäuscht wurde. Daher wird die Natur zum stummen Verbündeten. Der Jugendliche belebt sie mit seiner Phantasie. In der »Nymphe des Moorbachs« imaginiert er seine sprachlose Partnerin. Sie bleibt die stumme Zeugin des auf sich selbst Zurückgeworfenen: »[...] mich fröstelte sehr, Nymphe des Moorbachs. Ich saß im // Sommerfenster und onanierte in den Sommer.« (Ww, S. 113) Alle diese Erfahrungen sind aufgehoben in den zwei Begriffsreihen, die das Gedicht einleiten und abschließen: »ein Frösteln, Psychologie, geschrumpfter Sauerampfer, Blattläuse«- »Sumpfdotterblumen, Knochen, Dunkelheit und Witze«. (Ww, S. 112/113) Sie umspannen das gesamte Szenarium aus Kälte, Einsamkeit, Angst und Verdrängung. Die Psychologie steht für die hilflosen Heilungsversuche der selbst zugefügten Wunden, die die Gesellschaft an die Wissenschaft delegiert. Daß in diesem Klima alle vitalen Bedürfnisse verleugnet werden, legt eine andere Lesart des Titels nahe. Im Kölner Dialekt meinen die »kalten Bauern« vertrocknetes Sperma. Die Onanieszene im Schlußbild des Gedichts gibt einen Hinweis auf die Doppeldeutigkeit des Titels. So können die »Witze« am Ende des Gedichts für die einzige Form direkter sexueller Rede stehen, in der die Grenzen der sexuellen Tabuverletzungen gefahrlos überschritten werden. Sie werden zum Sinnbild der Verleugnung von Sexualität, die Brinkmann immer wieder im Zusammenhang mit den Zwangssystemen seiner Jugend beschreibt. Die Einschreibung von Negativität bleibt keine Angelegenheit des einzelnen, sondern wird in einer von dieser Konditionierung getragenen Gesellschaft zum konstituierenden Faktor des Gegenwartsbewußtseins. Als kollektives Erfahrungsmuster prägt die Angst das Alltagsleben. In *Rolltreppen im August* (Ww, S. 65 ff) hat Brinkmann dies in einer langen Aufzählung von Alltagssituationen ausgeführt. Die psychische Disposition wird hier zur Panik des Reagierens. Über das Angstmuster kontrolliert die verwaltete Gesellschaft so nicht nur die psychischen Reaktionen jedes einzelnen, sondern vermag sie auch beliebig abzurufen: »Sie schoben überall die großen Erinnerungsmoleküle durch / den grauen Raum.« (Ww, S. 50) An anderer Stelle wiederholt Brinkmann diesen Gedanken: »Und folge ich meinem Bewußtsein und / dem, was man hineingetan hat, // was für ein Grauen entsteht dann in der Verlängerung. / ›Ja, ich bin am Anfang des Krieges geboren‹, / und Haß ist schon zuviel.« (Ww, S. 53) Der Krieg hat eine neue Gestalt und neue Formen angenommen, der Kriegsschauplatz hat sich ins Innere der Einzelpersonen verlagert. Die neuen Kämpfe, die stattfinden, sind jene um die Besetzung des »grauen Raums«: »Sie pflanzten in bestimmte Tiergehirne / Erinnerungen ein, dressierten die / Erinnerungen, die Erinnerungen / wurden in den Tiergehirnzellen // aufbewahrt, dann isolierten sie / die Zellen, zogen den flüssigen / Extrakt heraus und spritzen den / Extrakt in einen menschlichen / Körper. Der Stoffwechsel machte / die Tierlaute nach, und aus einem / Gesicht schaute ein Tiergesicht / hervor, voller Erinnerungen.« (Ww, S. 50 f.) In den Händen der modernen Gentechnologie wird das Angstmuster reproduzierbar und über Generationen hinweg konservierbar. Die Zauberformel zur Herrschaftssicherung über den Angstmechanismus ist verfügbar geworden. In seiner Schreckensvision entwirft Brinkmann die moderne Variante der totalitären Gesellschaft als die Summe der psychisch depravierten Einzelindividuen. An anderer Stelle heißt es erläuternd dazu: »Das Ende der Welt, Westdeutschland, / habe ich oft erlebt, und ich kann nichts // Interessantes daran finden. Der Krieg ist nur unsichtbar geworden.« (Ww, S. 120) Dieser unsichtbare Krieg wird über die Sprache ausgetragen. Sie ist die Waffe, die dem Bewußtsein Verletzungen zufügt, es verstümmelt und zu einer Matrix des Schreckens, der Angst und des Hasses macht: »Jedes Wort ist Krieg«, (Ww, S. 129) heißt es in *Einige sehr populäre Songs*. Sprache erscheint in diesen Texten als Synonym des modernen Kriegs, der schleichend tötet, indem er das Bewußtsein mit seiner Destruktivkraft infiziert.

Seine todbringende Gewalt liegt in der Dominanz der Zeichen über die Realitätswahrnehmung und Selbsterfahrung des einzelnen. Diese Fortführung des Kriegs mit andern Mitteln faßt die letzte Variation des Gedankens in Worte, wenn Brinkmann die Ordnung der Zeichen wie Soldaten auf dem Exerzierplatz aufmarschieren läßt: »Die Buchstaben, / gehen alle hintereinander, // westwärts. ›He, he, ich bin total verrückt, ich / bin zu Anfang des Kriegs geboren‹, // was westdeutsch ist.« (Ww, S. 55) Daher sagt Brinkmann der Sprache immer wieder den Kampf an. Seine Selbstverteidigung gegen die Sprache wird zum Überlebenskampf, zum Versuch der Selbstrettung.

Brinkmanns verstreute sprachkritische Überlegungen kulminieren in *Westwärts, Teil 2*: »Lautsprecher an der Straßen /Bahn: ›Einsteigen bitte!‹ 1 Befehlston // in deutsch. War das einmal / meine Sprache? Das ist noch nie / meine Sprache gewesen! Die / Sprache hat immer anderen gehört.« (Ww, S. 53) Sprache steht hier für Herrschaftssprache, sie gerät zum Abbild und Garanten einer autoritären Gesellschaft. Aufgeladen mit der deutschen Geschichte des Schreckens und der Vernichtung fesselt sie den einzelnen an ihre zerstörerische Fortsetzung. Die Macht der Sprache, ihre kollektivierende Funktion, hinter der das Individuelle zurückstehen muß, hat Brinkmann in seinem großen Essay *Ein unkontrolliertes Nachwort zu meinen Gedichten* in seine Gegenwartserfahrung übersetzt: »Und ein Land, ein Sprachbezirk wird sicher eingehen, wenn keine Möglichkeit zu sprechen mehr vorhanden ist, da jeder Ansatz eines poetischen Empfindens verfolgt, 'fertig gemacht', ausgerottet wird durch Massenmedien und ihre Angestellten, daß ein Sprachbezirk abstirbt, in dem keine Fantasieimpulse und kein mehr oder weniger freies Sprechen und Artikulieren erlaubt ist.« (U.N, S. 230) Die Sprache gerät wie die Gesellschaft zum Abstraktionsmechanismus, sie beherrscht durch »Oberbegriffe«, die die »Träume zerstört«, die »Empfindungen totschlägt«. (U.N, S. 231) Ihre Zulieferer sind die Wirtschaft, die Politik und die Medien, d.h. die Gesellschaft, der Zwangsapparat, der die vielen einzelnen unter ihre Gesetze zwingt: »Der Staat ist ein sprachliches Gebilde wie eine Stadt, ein Stadtteil, ein Leben, sprachlich fixiert, und fixiert heißt erstarrt.« (U.N, S. 243) Durch Sprache wird der einzelne auf diesen Staat verpflichtet, bis in die privatesten Handlungen auf ihn abgerichtet und von ihm kontrolliert: »Kontrolle, kontrollierte Träume durch Wörter«, nennt Brinkmann das in dem *Gedicht 30.10.74.* (Ww, S. 157) Am Ende steht jene »Traurigkeit der künstlich in den Wörtern eingesperrten Menschen«, (U.N, S. 232) die unentrinnbar an das System gekettet scheinen, da ihnen die Fähigkeit zur Gegenwehr, d.h.

zum Gebrauch ihrer Phantasie genommen wurde. In seiner Poetologie zu den späten Gedichten bezeichnet er sie als die große Masse der bewußtlos Reagierenden: »Die verschiedenen Gegenden sind zerträumt, ausgeräumt, mit vielen zerträumten Menschen darin«, (U.N, S. 233) und im Gedicht fragt er: »Wer hatte sich diese Umgebung zusammengeträumt? / Die Träume gefälscht?« (Ww, S. 48) Im lyrischen Text werden diese Menschen zu »Schatten von Menschen« (Ww, S. 75) in einer schattenhaften Gegenwart. Die »Menschenschatten« (Ww, S. 154), die gespenstisch durch den Gedichtband ziehen, sind die körperlosen, deren Erfahrungs- und Empfindungsvermögen verkümmert und die um ihre Realität betrogen in einer scheinhaften Existenz dahinvegetieren.

Aufgrund dieser Diagnose von der vernichtenden Allianz einer repressiven Gesellschaft und ihrem Sprachsystem zieht Brinkmann die Konsequenz der Negation von Sprache überhaupt. In seiner späten Poetologie bestimmt er die Aufgabe des Schriftstellers mit der eines radikalen Sprachkritikers: »ich denke, daß es jeder Zeit notwendig ist, daß Dichter gegen Formulierungen schreiben, daß sie den angestellten Sprechautomaten der Massenmedien mit einfachem Hohn begegnen, sollten sie ihnen begegnen, denen, die glauben, wahnhaft, sie hätten die Formulierungen und die Sprache restlos begriffen.« (U.N, S. 246) Weder um die Neuschöpfung der Sprache noch um ihren veränderten Gebrauch wie in Brinkmanns Pop-Lyrik geht es hier mehr, sondern um eine bis dahin ungekannte Abwertung von Sprache überhaupt: »Ein Schriftsteller, irgendeine einzelne Person in dieser Gesellschaft, dessen Mittel die gegebene Sprache ist, kann gar nicht anders, als immer wieder darauf hinweisen, daß Sprache gar nicht so wichtig ist. Er sagt: Geh nach Haus, diese Spielhalle ist kaputt.« (U.N, S. 232) Dieser Verzicht auf den innovativen Gebrauch von Sprache wird im Schweigen des Gedichts erreicht: »Poesie löst sich auf in Wortlosigkeit«.(U.N, S. 244) Mit Wortlosigkeit bezeichnet Brinkmann ganz profan und direkt die Abwesenheit von Sprache im Gedicht, d. h. ihre Aufgabe zugunsten anderer Erlebnis- und Wahrnehmungsformen und deren Mitteilung: »Jetzt kommen die Zeiten der Gehirnerfahrungen, Abbiegen, weg von den Wörtern«.(U.N, S. 248) Damit ruft Brinkmann nun seinerseits den Tod der Literatur aus. Mit Worten propagiert er in seinem letzten Gedichtband die Destruktion des Mediums Sprache. Ein Gedicht des Bandes ist ausschließlich diesem Thema gewidmet. *Eine Komposition, für M.* spricht noch einmal von dem Hindernis Sprache, das die Möglichkeiten des Bewußtseins, die Entfaltung von Phantasie in Grenzen hält. Entgegen der traditionellen Bestimmung des Dichters als Sprachartisten definiert Brinkmann mit David Cooper den Schriftsteller als »›Athleten des Extraverbalen‹«. (Ww, S. 103) Am Anfang wie am Ende des Gedichts steht ein leeres Blatt Papier: »Kohlepapier raus, // Durchschlagpapier / raus, // ein weißes Blatt, neu // ist das eine schöne / Erscheinung. // Schau doch, schau, / auf diese leere weiße Seite, sage ich, und wir lachen, / schauen drauf«, (Ww, S. 104) heißt es am Ende des Gedichts, und damit verweist es in einer Kreisbewegung wieder auf den Anfang: »Kohlepapier, Durchschlag / Papier, // 1 weißes Blatt, und / das Weiße fängt an, / ziemlich weit, weit weg // das ist genau.« (Ww, S. 103) Aus dem eigentlichen Schreibanlaß des Gedichts, der Liebeserklärung an seine Frau, entsteht die Reflexion über die Suche nach einem adäquaten Ausdruck. Das weiße Blatt Papier wird zur stellvertretenden Botschaft. Sie löst Sprache in sinnliche Wahrnehmung auf. Verstehen im Dialog mit dem Partner gelingt im konkreten sinnlichen Erleben, der Meditation über das weiße Blatt. Es steht für den sprachlich undefinierten Zustand und damit für eine unbegrenzte Potentialität. Auf ihm löst sich die materielle, in der Realität nicht zu leugnende Faktizität der Dinge ins Imaginäre auf: Hier sind die »Erscheinungen« ihrer festumrissenen Bedeutung beraubt. Auf dem Papier haben sie keine Macht mehr, ihre sprachliche Referenz wird zur Frage. Als theoretischen Zeugen dieser Sprachnegation zitiert Brinkmann in dem Gedicht Fritz Mauthner. In seiner Theorie begreift er Sprache nicht mehr als die herausragende menschliche Fähigkeit der Welterschließung und -gestaltung, sondern definiert sie als Hindernis und Zwangsapparat des Denkens. Das Ergebnis dieser Sprachkritik lautet daher konsequent, »daß Sprache wertlos sei für jedes höhere Streben nach Erkenntnis.« (Beiträge, S. 86) Sprachkritik ist daher für Mauthner nur als Negation der empirischen Sprache denkbar, deren Aufgabe es ist, die vorhandene Sprache zu zertrümmern: »Wer weiter schreiten will, [...] der muß sich vom Worte befreien und vom Wortaberglauben, der muß seine Welt von der Tyrannei der Sprache zu erlösen versuchen.« (Beiträge, S. 1) Dieser Forderung an die Sprachkritik hat sich Brinkmann ganz im Sinne seines Vorbilds gestellt: »Will ich emporklimmen in der Sprachkritik, [...] so muß ich die Sprache hinter mir und vor mir und in mir vernichten von Schritt zu Schritt, so muß ich jede Sprosse der Leiter zertrümmern, indem ich sie betrete.« (Beiträge, S. 1f) Erst dann käme man dem Ziel näher, daß »jeder Gegenstand [...] eine Frage« (Ww, S. 104) wird, wie es Brinkmann in dem Gedicht vorzuführen versucht. Das Gedächtniszitat aus der frühen Abhandlung *Die Sprache* (1906) in der von Martin Buber herausgegebenen Reihe *Die Gesellschaft – Sammlung sozialpsychologischer Monographien*, die nicht von ungefähr dem Anarchisten Gustav Landauer gewidmet ist, ist ein poetologisches Bekenntnis zum Verzicht auf Sprache, dem mit dem angesprochenen Geistesverwandten die unausgesprochene, weil nicht in Sprache faßbare Utopie mitgegeben wird: »Stell dir vor, in diesem Augenblick gäbs keine Wörter mehr, überall, nirgendwo, was für eine phantastische Stille, in der die grotesken Dinge stehen.« (U.N, S. 233) Um diese Verwandlung der Dinge geht es Brinkmann in seinen Gedichten. Hier versucht er die Rettung aus den negativ bestimmten Zusammenhängen der Gegenwart exemplarisch zu vollziehen und als Utopie alltagspraktischen Handelns vorwegzunehmen. Das Gedicht ist daher »die Grenze, danach / das Niemandsland«, (Ww, S. 148) sagt er über seine Texte und meint damit das Überschreiten jener Sprachgrenze, die den Möglichkeitssinn des einzelnen in Schranken hält: »Leerzeilen waren nur noch in Gedichten vorhanden.« (Ww, S. 149) Die Lücke im Text bewahrt nicht nur das Unsagbare, sondern sie bringt Redeverbote zur Sprache. Durch den unbeschriebenen, d.h. undefinierten Raum tritt die Phantasie in eine andere Welt, die erst noch Wirklichkeit werden soll. Dort wäre auch der »Schrei eines Schmetterlings« (Ww, S. 50) aus dem Doors Song *When the music is over* hörbar, den Brinkmann beschwört.

»Sätze geben keine Auskunft, Wörter geben keinen Sinn [...]. Während ich dem Geräusch des Regens durch das offene Fenster zuhöre, [...] begreife ich, daß die einfachsten Wahrnehmungen taub geschlagen werden durch literarische Tabuisierungen, und ich erinnere, sehr befriedigt, während ich dem Regengeräusch lausche, daß in der Sprache keine Erkenntnisse zu machen sind (F. Mauthner).« (U.N, S. 229 u. 238) Sinnliche Wahrnehmung, das Lauschen auf das Geräusch des Regens, wird hier gegen sprachliche Erkenntnis ausgespielt. Dort, wo die sprachliche Vermittlung ausgeschaltet bleibt, siedelt Brinkmann eine andere Erkenntnisform an. Im sinnlichen Wahrnehmungsprozeß erfährt sich das Individuum als ungeteiltes, authentisches. Diese Funktion der sinnlichen Selbstvergewisserung und Befreiung aus defizitären Erfahrungsstrukturen bindet Brinkmann in seiner späten Lyrik an exemplarische Meditationsworte wie Nordwind, Mondlicht und Sonnenblume. In dem großen Titelgedicht *Westwärts, Teil 2* macht er ihre Funktion deutlich. Als Spiegel des schreibenden Ichs wechselt z.B. der Mond seine Bedeutung hier ständig, vom »blau gestrichenen Tisch«, über »eine Seitenstraße im August« bis zur »Kindheitserinnerung, die // voller Lumpen hängt«. (Ww, S. 54) Mondlicht wird zum persönlichen Imaginationsraum, dies führt das Gedicht *Mondlicht in einem Baugerüst* in vielfältigen Variationen aus. Hier findet sich auch die nähere Erläuterung der Kindheitserinnerung: »Als ich aus der Haustüre trete, / erinnert mich ein dunkles Fenster an 1946er-Mondlicht, / Eisblumen früh abends am Fenster, das Glitzern der // kräftigen Armut, noch nicht von den Bedeutungen erschöpft«. (Ww, S. 152) Mondlicht, dies macht das Gedicht deutlich, steht immer quer zum konventionellen Spektrum der Assoziationsmöglichkeiten, es wird zur subjektiven Kategorie der Selbstvergewisserung: »Und wenn ich sage, // das Mondlicht ist eine Türklinke im Mondlicht, heißt das, / das Mondlicht ist schön wie Mondlicht, und es ist Zeit, / mit den Vorschriften aufzuhören.« (Ww, S. 153) Das gleiche gilt für die Sonnenblume, die im Gedicht in unmittelbarer Nähe zum Mondlicht situiert wird: »Mondlicht und zerrissener Maschendraht // und eine Sonnenblume. Ah, ich sah noch nie vorher eine / Sonnenblume im Mondlicht.« (Ww, S. 153) In vielen anderen Gedichten seines letzten Gedichtbandes hat die Sonnenblume ihren Platz. Eine zentrale Stellung bekommt sie wiederum in *Westwärts, Teil 2*. Hier assoziiert er den anderen Teil der Geschichte seiner Generation mit ihr. Es ist die Geschichte der aus dem englischsprachigen Raum in die Bundesrepublik importierten Gegenkultur der sechziger Jahre. Stellvertretend für sie steht hier Jack Kerouac mit seinem autobiographischen Bericht *On the Roads*, der ihn zum Vorbild der amerikanischen Subkultur machte. Im Gedicht steht er exemplarisch für die »Amerikanische Poesie« (Ww, S. 54) der sechziger und siebziger Jahre. Brinkmann adressiert die Geschichte der Rockbewegung unter dem Zeichen der Sonnenblume an seinen Sohn Robert, um ihm die Ziele und Hoffnungen seiner Generation zu erläutern: »[...] das ist für dich, Robert, hier, wo eine Sonnenblume / nicht wächst, nachts, auf einem Balkon. Diese / Sonnenblume ist für dich!« (Ww, S. 57) Im fiktiven Dialog mit seinem Sohn, dem er Rechenschaft über sich und seine Generation ablegt, entsteht das Selbstverständnis eines radikalen Außenseiters. Als Ursache dafür benennt er die fehlgeschlagene Geschichte des Aufstands einer Jugend gegen ihre Elterngeneration, deren radikaler Protest u. a. in den Provokationen der Pop- und Rockstars ihren Ausdruck fand: »Einer zündete das Klavier an, einer / zertrampelte seine Gitarre. [...] Einer / schrie, Sonnenblumen, Sonnenblumen, warum / habt ihr vergessen, daß ihr Sonnenblumen / seid und seid kaputt?« (Ww, S. 57) Ihr Protest, der sich im realitätsenthobenen Raum der großen Festivals, der rauschhaften Feier des begrenzten Augenblicks erschöpfte, wird zur wirkungslosen Episode der Geschichte: »Die Illusionen waren mit den Farben verraten worden / und wurden nachgebaut, // ja, Sonnenblume, du bist vergessen«. (Ww, S. 57)

Während Mondlicht und Sonnenblume zumeist Assoziationsschübe auslösen, die personale Geschichte erinnern, führt der »Nordwind« in Räume der Phantasie. Mit dem Nordwind verknüpft sich aufs engste Brinkmanns Vision von einem menschenleeren Norden als utopischem Ort der Heimat. In dem Gedicht *Kleiner Nordwind* (Ww, S. 95 f) heißt es am Anfang: »Was willst du kürzen? Die Sehnsucht / nach einem brachen, eisigen Garten / im Norden unter dem Januarnachmittags /Licht?« (Ww, S. 95) Der Nordwind ist der Verbündete auf dem Weg dorthin und damit zugleich der Hüter der Hoffnung und der Phantasie: »Wohin ist, kleiner Nordwind, die Fantasie gezogen?« (Ww, S. 96) Im Nordwind beschwört Brinkmann das Widerstandspotential gegen die negative Geschichte und Gegenwart, die an der Zerstörung seiner Utopie arbeitet: »Jage sie zurück in den / kohlenlosen Winter, durch den Matsch der / Musik, endlose Kanäle, // Nordwind«, (Ww, S. 96) heißt es am Ende des Gedichts. Mit dem Nordwind unternimmt Brinkmann in einem anderen Gedicht die Reise an den Ort erfüllter Utopie, die »nördlichen Gärten«. (Ww, S. 31) Sie sind das genaue Gegenbild zu den umzäunten, eingegrenzten Gärten, die immer wieder in *Westwärts 1&2* beschrieben werden, denn sie sind keine von der Ausdehnung der Industriekultur bedrohten Relikte, sondern die wieder zum Garten gewordene Natur selbst: »Einige träumten, während sie gingen, noch immer von den Gärten, // die keine Zäune hatten.« (Ww, S. 31) Die Reise, die wie ein Aufbruch aus einer erloschenen Zivilisation anmutet, führt zurück in archaische Lebenswelten, die die Renaturierung des Menschen versprechen. Vorbei an den letzten Überresten der Zivilisation, »einem ausgebrannten Omnibuswrack«, dessen »Spiegel« zerbrochen sind, über eine »Betonbrücke« zieht die einsame Gruppe der Auserwählten durch die Jahre und Jahreszeiten auf ihrem langen Weg zurück in die Wildnis der sich selbst überlassenen Natur. »Dichte Gehölze«, »Moos und Flechte« aber vor allen Dingen »Steine«, die zu magischen Zeichen werden, sind die Vorboten einer sich langsam regenerierenden Natur, die auf das Ziel, die »nördlichen Gärten«, hindeuten. Im Verlauf ihrer Reise verwandeln sich die letzten Zeugen der menschlichen Zivilisation. Sie legen ihre alte Identität ab: »Ihre eigenen Namen kannten sie nicht mehr.« Das heißt aber auch, daß sie in einem langsamen Entwicklungsprozeß während ihrer Wanderschaft ihre Menschennatur ablegen und sich der Natur anverwandeln. Die Utopie, die hier beschworen wird, meint die symbiotische Verschmelzung mit der Natur, bei der der Mensch zum gleichberechtigten Teil der Natur wird. Hier gelingt die Verständigung der ungleichen Partner, die beide erst in ihr

Recht erhebt: »Manchmal // sprachen sie mit einem Tier. Sie machten mit der Zunge / einige Zeichen in die Luft.« Weiter unten heißt es: »Die Gärten sahen ihre Gedanken, sie / konnten sie lesen, das wußten sie.« Die Wanderer durch die Menschheitsgeschichte legen ihre im Zivilisationsprozeß erworbenen Verhaltensweisen ab und kehren zu Lebensformen archaischer Stammesgemeinschaften zurück. In der Rückkehr zu Kulthandlungen, die Gemeinwesen mit naturreligiösen Verfassungen eigen sind, wird die Natur in ihrem Selbstwert respektiert, wie es z. B. von den Naturmythen der alten Indianergesellschaften Amerikas überliefert wird, die zu der Entstehungszeit des Gedichts wiederentdeckt wurden: »Als sie / gingen, schichteten sie zum Zeichen der Freude graue, / Steine auf.« Im Gedicht gewährt die Natur den Reisenden die Erfüllung eines langen, unerreichten Menschheitstraums: »Sie // breiteten die Arme aus und begannen zu fliegen, / wie Hände, die gefiedert worden waren, auf ihrer Reise / in die nördlichen Gärten.« Fliegen, das heißt metaphorisch gedeutet, die letzte und endgültige Befreiung von den Fesseln der alten Existenz. Sie wird damit zum Ausbruch aus den Grenzen des Gegenwartsbewußtseins.

»Ich möchte Wörter benutzen, die / nicht zu benutzen sind, dachte ich. Ich möchte sprechen zu denen, die ich / liebe, // ich möchte / nur wieder einmal / über einen Tanzboden schwofen, / ohne Girlanden, / nur einfach nur ohne Erklärung sein«, (Ww, S. 50) bekennt Brinkmann in *Westwärts, Teil 2* und im *Bruchstück Nr. 1* formuliert er noch einmal das letzte Ziel seiner Sprachkritik als Suche »nach neuen Sprachen, im Dunkeln der Körper« (Ww, S. 107), das dem physischen und psychischen Leiden an einer inhumanen Umwelt jenseits einer begrifflich-analytischen Sprache erst seinen adäquaten Ausdruck geben könnte. Körpersprache und Begriffssprache werden in Brinkmanns Texten einander diametral entgegengesetzt. Nur in der Sprache des Körpers ist jene Utopie, die Brinkmann immer wieder beschwört, noch ausdrückbar und erfahrbar: »du erklärst die Liebe durch die Liebe, eine bestimmte / Körperform, eine Stellung // &: ›Zeichen‹ (Mund / Hand), 'nein, keine Wörter'«.(Ww, S. 159) Der Körper wird hier konsequent zum Sprechenden erhoben, er ist Sender, Medium und Empfänger zugleich. In der Sprache der Körper realisiert sich ideale Kommunikation, da hier die Identität von Sprache und sinnlicher Erfahrung, von Ausdruck und Erleben wiederhergestellt ist. Nur ihr kommt Wahrheit und Authentizität zu: »nicht die Liebe verstehen, die Zunge über einen / Körper, [...] nicht die Negation der Sprache verstehen, während ich dich zärtlich / berühre, sanft, ohne Scheu, & was gesagt ist vergessen ...« (Ww, S. 150) Mit diesem Bild der

Versöhnung, in dem das Trennende der sprachlichen Auseinandersetzungen aufgehoben erscheint, endet das Gedicht *Variation ohne
ein Thema*. Dort, wo vorsprachliches Erleben die Situation definiert
und dominiert, findet der Schreiber den exemplarischen Raum, in
dem einzig sein an Korzybski orientiertes Modell einer wortlosen
Sprache der »silent levels« manifest werden kann. »Nonverbal«
oder »silent levels« nennt Korzybski jenen zentralen subjektiven
Faktor einer objektivierenden, abstrakten Sprache, durch die subjektive Wahrnehmungs- und Bewußtseinsprozesse, der gesamte innere psychische Apparat des einzelnen von der allgemeinen Kommunikation ausgeschlossen wird: »My analysis showed that
happenings in this world outside our skins, and also such organis-
mal psychological reactions inside our skins as those we label ›fee-
lings‹, ›thinkings‹, ›emotions‹, [. . .] occur only on the *non-verbal,*
or what I call *silent levels.* Our speakings occurs on the verbal levels,
and we can speak *about,* but not *on,* the silent or un-speakable
levels.« (Manhood, S.XLVii) Brinkmann zitiert diesen sprachphilo-
sophischen Ansatz in einem seiner Gedichte, um die theoretischen
Grundlagen seiner sprachkritischen Texte deutlich zu machen.
(Ww, S. 177f) In der Emanzipation des außersprachlichen Erlebens,
das allein gegenüber der sprachlichen Präfiguration resistent wäre,
findet der Widerstand gegen die diskursive Zurichtung des Individuums seinen wirksamen Ausdruck. Nur jenseits der Sprache können die »zärtlichen wortlosen Körperempfindungen« ihre Existenz
behaupten, die das Individuum von seiner Unwirklichkeitserfah-
rung befreien und ihm die Möglichkeit, »in der Gegenwart anwesend zu sein«, (U.N, S. 242f) zurückgeben würde. Wenn es so etwas
wie eine utopische Hoffnung in dem Gedichtband gibt, so findet sie
sich dort, wo sinnliche Erfahrung über den sprachlichen Ausdruck
triumphiert: »Schönheit« realisiert sich in jener wortlosen Gestalt,
»d.h. nackt zu sein ohne Scheu, auf Händen / und Knieen, aufge-
stützt, 'ein Tiergebilde' zu machen // am Morgen, Liebe, 'komm,
laß dich berühren'«. (Ww S. 176) Die Zeichen, die der Schreiber mit
dem Körper bildet, gehören einer anderen, imaginären Schrift an.
Körpersprache als authentischer Ausdruck, so propagiert es das
Gedicht, soll die alte Sprache ersetzen. Einzig in ihr scheint der
unverzichtbare Anspruch auf Leben aufgehoben: »Zärtlicher Körper, sag kein Wort«, lauten daher die letzten Worte von Brinkmanns Lyrik.

Brinkmanns umfangreiches lyrisches Werk liegt bisher nur in
Teilen vor. Eine Gesamtausgabe der Lyrik, die auch das umfangreiche Material aus dem Nachlaß erstmals veröffentlichen soll, ist seit
längerem geplant.

Talking about my generation II

Reisebericht, Briefroman, Tagebuch

Motive, Themen und Inhalte des Brinkmannschen Werks wieder-
holen sich mit fast vorhersagbarer Stetigkeit. Was die einzelnen
Texte an Neuem bieten, ist ihr Experiment mit der Form. Autobio-
graphisch bis ins kleinste Detail ist sein Werk. Es lebt geradezu von
den abzählbaren biographischen Fakten, die ihm seine Evidenz verleihen. Wie in seiner Lyrik so hat Brinkmann auch in seiner Prosa
nach den Formen gesucht, die ihm den größtmöglichen Raum zur
Selbstthematisierung bieten. In seinen drei letzten großen Prosatexten hat er die Form gefunden, die am konsequentesten diesem
Anliegen gerecht wird.

Wenn Formen des autobiographischen Schreibens die Gegenwartsliteratur dominieren, so kennzeichnet dieses Phänomen eine
Literatur, die keine Geschichten mehr erzählt. Literatur erscheint
hier in einer gewandelten Funktion. Alle ihre traditionellen Attribute werden mit den autobiographischen Formen negiert: Sie vertreten weder den Anspruch auf Wahrheit der Aussage, Dauer und
universelle Gültigkeit des Werks noch den auf Originalität. Diese
Texte ignorieren den Funktionsverlust von Literatur in der Konkurrenz mit den massenwirksamen neuen audivisuellen Medien
nicht länger, sondern nehmen dieses Faktum thematisch wie strukturell in sich auf. Radikal ichbezogen sind diese Texte, weil sie
einerseits keine andere übergeordnete Kategorie mehr gelten lassen,
andererseits aber auch kein anderes Interesse mehr kennen. Aus
dem achtzehnten Jahrhundert stammen die literarischen Formen,
die, eng mit der Entwicklung des bürgerlichen Subjekts verbunden,
den Ansprüchen und Intentionen des Brinkmannschen Werks gerecht werden. Die alten Formen des Tagebuchs, Reiseberichts und
Briefromans, die Brinkmann für sein Schreiben zurückerobert, gehören im weitesten Sinne der Autobiographie an, unterscheiden
sich allerdings in einem wesentlichen Punkt von ihr. Sie alle fassen
kürzere Zeiträume in den Blick bzw. teilen in kleinere zeitliche
Einheiten als die Autobiographie. Nicht die Darstellung des Lebens
als kontinuierliche Ich-Entwicklung bildet mehr den Strukturrah-

men des Textes, vielmehr steht das Subjekt in diesen Texten selbst in Frage. Diese literarischen Genres bewähren sich darüber hinaus als Medium autobiographischen Schreibens, da sie Ordnungskategorien leugnen, die das Subjekt als homogenes, in kontinuierlicher Entwicklung gewordenes begreifen. Ordnungskategorien, die dem Gegenwartsbewußtsein suspekt geworden sind, weil ihnen die Vorstellung von dem sich selbst konstituierenden Subjekt zugrunde liegt, dessen Existenz Brinkmanns Werk mit jedem Satz anzweifelt und als narzistische Selbsttäuschung ausweist. Die Vorstellung von einer abgeschlossenen, historisch gewachsenen Identität beschreibt Brinkmann in seinen Texten als Schreckbild einer negativen Fixierung durch Geschichte und beklagt damit gleichzeitig eine Gegenwart, in der sich die Ausbildung einer unverwechselbar-einmaligen Identität als Illusion erweist. Mit diesen Formen opponiert Brinkmann nicht nur gegen jede Idee der Abgeschlossenheit, Einmaligkeit und Autonomie der Person, sondern macht das Serielle von Persönlichkeit, ihre Prägung durch semantische Muster, ihren fragmentarischen Charakter, wie ihr ausschließliches Sichtbarwerden in der Konfrontation mit den Objekten seiner Umwelt evident. In diesen literarischen Genres fallen so der Höhepunkt und der Endpunkt der Vorstellung von Subjektivität zusammen. Brinkmanns Wahl der Tagebuchform wie des Reiseberichts und des Briefromans weisen die Autobiographie als historische Form eines obsolet gewordenen Subjektbegriffs aus. Es sind Formen des unmittelbaren autobiographischen Berichts, allerdings nicht aus der Perspektive der rückwärtsgewandten lückenlosen Selbstbiographie als nachträgliche Rechtfertigung und Plausibilisierung von Persönlichkeitsentwicklung, sondern der des distanzlosen Archivierens von alltäglichem Leben. Der Schreibprozeß ist hier kein nachträglicher mehr, sondern er fällt im Idealfall zusammen mit dem Erleben, dem Leben selbst. Damit schwindet die Grenze zwischen Autobiographie und Tagebuch, Reisebericht und Briefroman, wie es Manfred Schneider für die moderne Autobiographie mit dem Begriff der »Semiotik der Unmittelbarkeit« (Schneider, S. 34) beschrieben hat. Schreiben wird so zum eigentlichen Leben. Leben und Schreiben werden zu ein und derselben Sache. D.h. umgekehrt, daß Leben hier als Text begriffen wird, den es zu entziffern und aufzuschreiben gilt. Im bewußten und neuen Lesen des Lebens, des Textes Realität, das im Aufschreiben stattfindet, entsteht dieser Text ein zweites Mal, nicht als Doppel, sondern als variierende Neuschöpfung. Beide Texte stehen in einem Spannungsverhältnis zueinander, arbeiten sich an einander ab. Brinkmann hat an den verschiedensten Stellen seines Tagebuchs auf die Fiktionalität von Realitätsbezügen hingewiesen und sie als Produkte subjektiver Wahrnehmung und damit von Interpretation gekennzeichnet: »Nun ist jede Vergangenheit fiktiv« (Erk, S. 64) und weiter unten heißt es: »wer bin ich? mache eine Reise durch meine eigene Herkunft: Herkunft heißt Fiktion!!!« (Erk, S. 240) Das Zeichensystem des Lebens und der Realität sucht der zweite Text zu unterlaufen, seine Gesetze zu brechen. Der spätere, weil ja der erste, der Text der Realität, immer schon vor ihm da ist, ist sein Dissident. Täglich versucht er den aussichtslosen Wettlauf mit ihm zu gewinnen, das was vor ihm ist, neu zu schreiben. Schon aus diesem Grunde kann der so entstandene Text keine Originalität mehr beanspruchen. Er weiß um seine sekundäre Existenz.

Der mächtige Konkurrent Realität, gegen den der Autor anschreibt, besteht nur zu einem ganz geringen Anteil aus Handlungssequenzen, eingreifendem Tun des Individuums, sondern setzt sich hauptsächlich aus einer diffusen Welt der Bilder und Zeichen zusammen. Realität ist in der Gegenwart immer Medienrealität, d. h. bereits verarbeitete, synthetisch aufbereitete Realität, ein Kunstprodukt, ein Realitätssurrogat. Deshalb schreibt Brinkmann seit 1970 keine fiktionalen Texte im klassischen Sinne mehr, sondern schreibt sein eigenes Leben. Wenn Realität als Fiktion begriffen wird, so hat dies auch ein verändertes Literaturverständnis zur Folge. So erscheint es nicht länger als Aufgabe des Schriftstellers, Realität zu fiktionalisieren, vielmehr geht es darum, die Fiktionalität der Realität durchschaubar zu machen und ihre Wahrnehmungsmuster aufzudecken. Literatur, die dieses umgekehrte Verhältnis von Realität und Fiktion annimmt, muß daher auch auf den klassischen fiktionalen Helden wie auf traditionelle Erzählformen verzichten. Der neue Held dieser Literatur kann niemand anderes als der Schreiber selbst sein. Wenn unter den Bedingungen der Gegenwart der fiktionale Held zum schreibenden Ich selber wird, so wird das Tagebuch zur letzten Form des Romans.

Nach seinen ergebnislosen Versuchen, einen zweiten Roman zu schreiben, hatte Brinkmann seine Schwierigkeiten eingestanden, eine homogene Hauptfigur zu erschaffen: »stecke tatsächlich mitten in Romanansätzen, ohne Personen, ohne Anfang, hänge in der Luft, zuviele Stücke, die ich nicht zusammenkriegen kann, zuviele Pläne und Einfälle/(aber keine Personen! Ich zersplittert)«. (Erk, S. 205) In einem Brief an seinen Freund H. Pieper erläutert Brinkmann, warum es ihm nicht mehr möglich ist, einen Roman im traditionellen Sinne zu schreiben. An die Stelle des Romans tritt konsequenterweise sein Tagebuch: »Und wenn ich jetzt z. B. an Dich schreibe, und wenn Du z. B. an mich schreibst, : ist das nicht alles auch Fiktion? [...] Pieper, Du bist eine Romanperson für mich. So wie ich für Dich eine Romanperson bin.« (Erk, S. 209) Über die Schwierigkeiten einen neuen Roman zu schreiben, berichtet Brinkmann ausführlich im Tagebuch und protokolliert die Gründe, warum zuletzt das Tagebuch zum neuen Roman werden mußte. Er bezeichnet diesen anderen Roman ironisch als seinen »Entwicklungsroman« nach dem Niedergang der Idee von dem autonomen, mit sich selbst identischen Subjekt: »zu *Roman*, Meinem Roman, wie ich ihn mir vorstelle: als eine Art *Entwicklungsroman*, mit Reisen, Orte, Menschen, Situationen, ein Delirium, durcheinanderwirbelnde Szenen von 1940 bis 1970«. (Erk, S. 250) Damit hat er sein neues literarisches Konzept erläutert. In seinem Tagebuch aus dem Jahre 1972 gesteht er seine Zweifel in bezug auf sein neues Romanprojekt: »sollte jemals dieses Tagebuch herauskommen, was ich aufgrund der bestehenden kulturgesinnig [kulturgesinnung] in 20, 30 Jahren annahme [annehme], so möchte ich mich selber warnen, nämlich entweder [...] die Tippfehler zu korrigieren in ganz durchschnittlichem Deutsch, oder jeden Tippfehler mit einer schönen, langen lebhaften Ergänzung zu versehehn«. (Erk, S. 241) Damit wird deutlich, daß er diesen Text selber nach langen Überlegungen zur Veröffentlichung an Stelle des zweiten Romans vorgesehen hatte: »Was das Tagebuchmanuscript anbetrifft: [...] Nur sehe ich keine einzige Möglichkeit, das Manuscript zu dem feststehenden Termine vorzulegen«, (Erk, S. 200) schreibt Brinkmann an seinen Verleger.

Als Konsequenz aus diesem Faktum ergibt sich der Verzicht auf die Verschlüsselung von Selbstaussagen oder die Inszenierung von Selbstbildern. Die radikale Selbstpreisgabe des Textes überschreitet Intimitätsgrenzen. Diese Literatur ohne Kunstanspruch entspricht ihrer gewandelten Funktion: Schreiben wird zum Selbstzweck für den Autor. Sein Schreiben hat keine Mitteilungsfunktion gegenüber einem anonymen Publikum mehr, höchstens gegenüber den jeweils einzelnen Adressaten der Briefe oder Tagebucheintragungen. Nur in diesem Raum der Intimität scheint so etwas wie subjektive Rede möglich, an deren Restitution der Text wider besseres Wissen bis zuletzt festhält: »Dieses *Tagebuch heißt*: Vor der Entstehung des Lebens, Ich Bin Morgen, Science Fiction!/: Was ist morgen und wer? Das Ich!« (Erk, S. 252)

Das Tagebuch bildet die Grundform für alle anderen Formen des autobiographischen Schreibens. Der Reisebericht wie der Briefroman können als Varianten dieses Grundmusters angesehen werden. Es verhält sich zur Autobiographie wie die Momentaufnahme zum Film. Mit dem Tagebuch transponiert Brinkmann sein Konzept der

literarischen Momentaufnahme auf ein anderes Genre. Bei dieser Form autobiographischen Schreibens schwindet die künstlerische Gestaltung der Raum-Zeit-Dimension. Zeit ist hier immer Jetzt-Zeit, allenfalls unmittelbare Vergangenheit. Sie dehnt sich linear aus, ohne artifiziell verdichtet zu werden. So umfaßt *Rom, Blicke* z.B. einen Zeitraum von zweieinhalb Monaten, Oktober 1972 bis Januar 1973, der zugleich auch sein Entstehungszeitraum ist. Die *Erkundungen* entstehen in einem ähnlich kurzen Zeitraum von September bis Dezember 1971, werden allerdings mit Material aus einem weiteren Zeitraum, 1966 bis 1972, aufgefüllt. Beide Texte folgen unmittelbar aufeinander und stehen inhaltlich wie formal in einem engen Zusammenhang. Die *Erkundungen* enden mit dem Satz: »Ich muß mich jetzt mal um die Abfahrt aus Köln wieder kümmern nach Rom.« (Erk, S. 410) *Rom, Blicke* beginnt mit der Orts- und Zeitangabe: »Freitag, 14. Oktober, Köln Hbf 0 Uhr 12, der Zug fährt an«. (R, B, S. 6) Damit bleibt das Tagebuch im Gegensatz zur Autobiographie auf genau eingrenzbare und identifizierbare Gegenwartsmomente begrenzt. Es archiviert so nach- und nebeneinander geordnete Gegenwartssegmente. Die Gliederung der Zeit in kleine überschaubare Abschnitte folgt dem Fassungsvermögen des Kurzzeitgedächtnisses. Jede Momentaufnahme addiert eine dieser Einheiten ins Archiv unmittelbar erlebter Gegenwart. Diese Unmittelbarkeit in bezug auf die zeitliche Distanz zwischen Erleben und Niederschreiben ist für seine fragmentarische Form verantwortlich. Nicht zuletzt dieses Faktum des unmittelbaren Gegenwartsinteresses hat das Tagebuch mit seiner fragmentarischen, Ordnung negierenden Struktur zum adäquaten Ausdrucksmittel von Brinkmanns ichzentriertem Schreiben gemacht: »F. meint, einfach das Tagebuch, präzise, klar, mit genauen Reflexionen und genauen Beobachtungen und fragmentarischen Stories, mit Freude und dem Schmerz und der Verzweiflung, zu schreiben.
Tagebuch: Nachricht von jemanden? Die Person scheint da viel stärker durch, und das lebt mehr als ein Roman.«(Erk, S. 317)
   Brinkmanns Tagebuch unterscheidet sich allerdings von anderen Tagebüchern dadurch, daß es die vielfältigsten Fundstücke aus der alltäglichen Realität in den eigenen Text einmontiert. Dieses Material, bestehend aus Zeitungs- und Illustrierten-, Porno- und Comicheftausschnitten, Fotos, Postkarten, Rechnungen, Geldscheinen und vielem mehr trägt einer Realitätserfahrung Rechnung, die weit mehr durch die Aufbereitung von Realität durch die verschiedensten Medien als durch unmittelbar eigenes, aktives Erleben geprägt ist. D.h. daß alltägliche Erfahrung kein eigenständiger, ursprünglicher Charakter mehr zukommt, sondern daß Erfahrung immer

sekundär ist. Darüber hinaus ist Erfahrung in der Medienrealität nicht mehr autonom durch das Subjekt steuerbar. Weder kann es autonom bestimmen, was ihm als Realität angeboten wird, noch in welcher Form sie ihm gegenübertritt. Elias Canetti, den Brinkmann zu seinen Vorbildern zählte, hat dem Tagebuch eine Beschwichtigungsfunktion zugeschrieben. Was er in bezug auf seine Motive als Tagebuchschreiber formuliert hat, kann auch für Brinkmann gelten: Das Tagebuch erscheint hier als magisches, d. h. bannendes Instrument eines existenziellen Abwehrkampfes gegen die vielfältigen Zumutungen der Realität, denen die Sinne und das wache Bewußtsein ausgeliefert sind. Canetti bemerkt dazu: »Ich glaube, der Hauptgrund für mich ursprünglich war, daß ich das Gefühl hatte, daß ich zu stark existiere, daß zu viele Eindrücke da sind, daß täglich zu viel geschieht, daß man unaufhörlich überrumpelt wird. [...] Man kann also Dinge, die einem schrecklich vorkommen, erst einmal niederschreiben«. (Sprache im technischen Zeitalter, S. 85.)

In dem Maße wie Literatur die Verselbständigung der Sprache von Realität diagnostiziert und sie nicht mehr mit einer Abbildfunktion für die Realität belegt, schwindet der Anspruch von Literatur sich auf unmittelbare Lebensrealität zu beziehen. Realität wird hier als Produkt unterschiedlicher Fiktionalisierungen begriffen. Die Frage, der sich Literatur unter dieser Prämisse zuwendet, ist die nach ihren Schöpfern. Wenn Realität von sprachlichen Strukturen und medialen Systemen konstituiert wird und diese sich gegenüber ihren Rezipienten und Benutzern autonom verhalten, so kann die Aufgabe von Literatur nur noch in der Destruktion dieser Strukturen bestehen. Brinkmanns Kritik an dem literarischen Realismuskonzept und seine Ablehnung einer politisch engagierten Literatur hat hierin seine Grundlage. In den *Notizen und Beobachtungen vor dem Schreiben eines zweiten Romans 1970/74*, die in unmittelbarem Zusammenhang mit den Tagebüchern entstanden, hat er seine letzte theoretische Position bestimmt und sein Konzept des Schreibens transparent gemacht. Dort kritisiert er die falschen Alternativen »entweder Sprache oder Wirklichkeit«. (F.i.W, S. 278) Die sprachliche und mediale Überdeterminierung von Realität, die das Erleben des Subjekts dominiert und konditioniert, kennzeichnet Brinkmann als »zwanghaftes Verbalisieren«, gegen das Literatur anschreiben muß: »Die Tendenz zur Darstellung kleiner, kaputter Figuren beherrscht die Romane, Erzählungen, Gedichte und Theaterstücke. Die Vorhandene Verseuchung wirkt zurück und potenziert sich somit./ Der Schriftsteller steht heute vor dem Problem, wie er diese Rückkopplung durchbrechen kann. Das Eintreten für eine andere Gesellschaftsordnung wie das Beharren auf dem

Schreibvorgang selber als das wichtigste Thema eines Buches verdeckt dieses Problem.« (F.i.W, S. 286)

»*Erkundungen für die Präzisierung des Gefühls für einen Aufstand: Reise Zeit Magazin (Tagebuch)*«

Das Tagebuch gliedert sich in vier Teile. Der erste Teil *1971 Notizen* und der zweite Teil bestehen aus einer Bild-Text-Montage von Presseberichten über aktuelle politische Ereignisse, eigenen Fotoarbeiten und überwiegend zweispaltig oder dreispaltig getippten Textteilen. Dominierend in diesen beiden Teilen erscheint Brinkmanns Abrechnung mit der unmittelbaren Vergangenheit. Aus der Perspektive des Roll-backs in den siebziger Jahren, für das die Presseausschnitte stellvertretend stehen, zeichnet er das Scheitern der Studentenbewegung aus dem eigenen Erleben nach. Der dritte Teil *Notizen (Fakten) Tagebuch, 3. Teil* besteht aus dem eigentlichen Tagebuch: Hier archiviert Brinkmann Tag für Tag seinen Alltag als Schriftsteller. In die Aufzeichnung der Gegenwartssituation mischen sich assoziative Rückblenden auf die Kindheit des Autors. Es handelt sich hierbei um einen fortlaufenden Text, der von wenigen Ausnahmen abgesehen keine Abbildungen enthält. Dieser Text umfaßt neben dem Lebensalltag in Köln auch Brinkmanns Aufenthalt mit dem Maler Freyend in Longkamp an der Mosel im November und Dezember 1971. Der letzte, kürzeste Text *4. Mai 73, Köln* entstand während einer kurzen Unterbrechung seines Rom-Aufenthalts. Dieser Text wirkt komprimierter als die vorhergehenden. Als Text-Bild-Collage erinnert er mit seinen Einschüben aus Erinnerungen und Halluzinationen an Texte wie *Worlds End* und Teile von *Schnitte*.

Der Zusammenschluß dieser vier Texte zu den *Erkundungen für die Präzisierung des Gefühls für einen Aufstand* zeichnet auf dem Hintergrund subjektiv erlebter Geschichte die Entwicklung der deutschen Nachkriegsgesellschaft bis zum Scheitern der Studentenbewegung nach. Zu ihrer Entstehungszeit gehören sie zu den ersten autobiographischen wie zeitgeschichtlichen Zeugnissen dieser Generation. Ihnen in vieler Hinsicht vergleichbar wäre allein Bernward Vespers autobiographischer Bericht *Die Reise* aus den Jahren 1968 – 1971. So meint Vespers »Reise« ebenso wie Brinkmanns Reisen mehr als nur eine Reise in die eigene Vergangenheit. Beide unternehmen mit ihren Texten zugleich auch Reisen in das eigene Bewußtsein unterstützt durch den Drogenrausch oder dessen Simulation. Halluzinatorisch wie der »Trip« sind diese Texte konstruiert: »Also: (der TRICK, und das ist doch nur DIE METHODE, VERSTEHEN SIE? mit der man das eigene konditionierte Bewußtsein überlistet, ist HIER NATÜRLICH das Zusammenstellen von gerade im Augenblick des Schreibens mir einfallenden ZUFÄLLIGEN REISEstrahlen«. (Erk, S. 15) Bekenntnis, Abrechnung, Rechtfertigung aber vor allen Dingen Distanzierung von der bundesdeutschen Entwicklung nach 1945 kennzeichnen den Schreibanlaß und die Haltung dieser beiden Autoren. Beide trieb ihre Distanz zu der deutschen Nachkriegsentwicklung in eine Außenseiterrolle: Vesper durch seine Beziehung zu Gudrun Ensslin und der sich formierenden RAF, Brinkmann durch Provokationen seines Werks wie seiner Person.

In seiner Abrechnung mit der deutschen Geschichte seit dem Zweiten Weltkrieg, die zeitlich mit seiner eigenen Lebensgeschichte zusammenfällt, charakterisiert er seine Generation als verratene: »eine Generation vor die Hunde gegangen meine Generation«. (Erk, S. 20) Zum einen zielt seine Kritik auf die unbeirrte Fortsetzung der gesellschaftlichen Orientierungen seiner Elterngeneration über die historische Katastrophe des Faschismus hinweg und zum anderen meint er das Scheitern des Aufstands seiner Generation in der Studentenbewegung. Die finanzielle Not, die ihn immer wieder an seinem Versuch, sich als Schriftsteller durchzusetzen, zweifeln ließ und ihn in tiefe Krisen stürzte, wie die Verweigerung der gesellschaftlichen Anerkennung, treibt ihn an den Rand der Gesellschaft zu den Diskriminierten, den kleinen Kriminellen, Dealern, Drogenabhängigen und Homosexuellen. Die Situation nach dem Scheitern der Studentenbewegung thematisiert Brinkmann im 2. Teil des Tagebuchs: »Der Betrug: *Jetzt gehts los*, dachte ich, als die ersten wilden Aufstände anfingen/Kölner KVB Streik/angehaltene Straßenbahnen/Wasserwerfer später/[...] jetzt gehts los, überall, auf allen Gebieten eine Bewegung neue Filme, neue Bücher neue Malerei, neue Musik würde entstehen/ [...] jetzt bricht endlich barbarisch die verschüttete Vitalität hervor/aber die zärtlicheren wilden Gefühle, die die Gegenwart übernehmen sollten, gingen in entsetzlichem politischen Geschwätz unter/mit der Abrichtung auf Politische Fragen, sind sie alle kaputt gegangen/keine Schönheit mehr/ zerredete Träume/einkasernierte Gedanken/verwaltetes Bewußtsein durch Begriffe/«. (Erk, S. 135) Aus der einst politisch motivierten Subkultur sind den gesellschaftlichen Repressionen erlegene Außenseiter geworden. In ihren Beziehungen reproduzieren sie die erfahrene gesellschaftliche Gewalt. Nach den zugrundeliegenden Strukturen, dem Motor dieser Entwicklung, sucht Brinkmann in seinen Aufzeichnungen. Als Konditionierung auf »Sex, Geld und Tod« beschreibt er seine Sozialisation von der frühesten Kindheit an. Damit ist auch das Prinzip der Rückerinnerung angesprochen, das Brinkmann seinen Lesern zum Nachvollzug der eigenen Biographie empfiehlt: »stellen Sie doch mal in einer ruhigen Minute alle Ihre Sex-Szenen / alle Szenen, die mit Geld zusammenhängen / & alle Ihre Unfall- und Todesszenen zusammen!« (Erk, S. 152) Diesen drei bereits aus früheren Werken bekannten Faktoren folgen auch die bildlichen Darstellungen des Tagebuchs. In den »Sexszenen« des Tagebuchs, den frühen Onanieszenen unter Jugendlichen, seinen regelmäßigen Besuchen bei Prostituierten und dem gewaltvollen Verhalten seiner homosexuellen Freunde beschreibt Brinkmann zwanghafte Formen der Ersatzbefriedigung, mit der die Scheinliberalisierung der öffentlichen Rede über Sexualität in den siebziger Jahren korrespondiert. Die totale Medienpräsenz von Sexualität erzeugt jene permanente sexuelle Spannung, jene ins monströse gesteigerte Vorlust, der sich die Warenwelt als käufliche Ersatzbefriedigung anbietet. Als signifikantes Beispiel zitiert Brinkmann die Verkaufsstrategien der Autoindustrie in den sechziger Jahren, die das Auto als Männlichkeitsattribut durch Striptease-Vorführungen an den Mann zu bringen versuchten: »Londons Motor Show: Mehr nackte Haut als neue Autos [...] Insgesamt haben 50 Firmen Pin-up-Verkaufshilfen im Einsatz. (Erk, S. 162) Dagegen plädiert Brinkmann für die Reprivatisierung von Sexualität. Gegen die lauten und diffusen Reizmuster der Medien setzt Brinkmann Individualität, Intimität und Sprachlosigkeit: »und dann der Moment im Pot-Rausch, der steife Schwanz, ohne von außen hochgekitzelt zu werden / das ist Lust, die nicht von außen manipuliert wird.«(Erk, S. 176)

Geld ist das Muster, nach dem das Verhalten der Nachkriegsgesellschaft organisiert ist. Dieses wiederkehrende Thema des Brinkmannschen Werks variiert er im Tagebuch noch einmal im Kontext seiner Konstruktion der deutschen Nachkriegsgeschichte: »dann das total zerstörte Selbstbewußtsein seit 1945, der von außen auferlegte Fluch und die heuchlerische Sühne, die Verpflichtung, Buße zu tun und das hieß im Sinne der Amerikaner: Rabotti, Rabotti, Wirtschaft, IBM«. (Erk, S. 250) Die deutsche Nachkriegsgeschichte, die Brinkmann in wenigen Begriffen charakterisiert, ist zugleich seine eigene Geschichte und die seiner Familie. Ihr Leiden an dieser Gesellschaft, wie ihre Mittäterschaft setzt er im Tagebuch stichwortartig immer wieder in Szene: »Erinnerung an Eltern, daß sie durch den Krieg kaputt gegangen sind/ Die Alte und der Alte beide krank, Nierengeschichten, Blasenleiden, Zigarettenstummel/ Brustkrebs/

[...] Finanzkasse, Buchungsmaschine, Überstunden ohne Bezahlung, Gerede um Gehaltserhöhung, wer jetzt Steuersekretär geworden war, /die Baracke im Hof, wo Großmutter putze, /der Großvater mit seinem Gartenwahn und Geldwahn/die Angst, vor Nachbarn, Prestige, Auffallen, Schule, kein Geld zu haben, mittellos zu sein, die Bedrohung durch Krankheit/ Tod/ Friedhofsgänge/ Dunkelheit/ Erschlaffen/ Angst, keine Geltung zu haben vor anderen/ Rückzüge/«. (Erk, S. 191) Hier schließt sich der Kreis zu den frühen Erzählungen. Für den im Krieg geborenen Autor dominiert mit seiner Geburt der Tod als allgegenwärtige Bedrohung die eigene Lebensgeschichte. Immer wieder benennt er die zentralen Stationen dieser Geschichte des Todes mit den Kriegsnächten im Keller als Kleinkind, dem Krebstod der Mutter während seiner Pubertät, seiner eigenen Todesangst vor einem Verkehrsunfall oder einer Krebserkrankung. Dieser individuellen, von Todeserfahrungen und -phantasien geprägten Geschichte korrespondiert die gesellschaftliche. Ihre Eckdaten benennt Brinkmann mit dem Zweiten Weltkrieg, dem repressiven Klima des Wiederaufbaus unter der Adenauer-Ära und dem Scheitern der Studentenbewegung. Daher kristallisiert sich individuelle wie allgemeine Geschichte im Erleben des Autors zu einer fortgesetzten Geschichte des Krieges, zum permanenten Kriegszustand. Entgegen der offiziellen Geschichtskonstruktion, die mit dem Jahr 1945 eine Zäsur setzt, um ihr eine kontinuierliche Aufstiegsbewegung unter dem Fortschrittsprinzip folgen zu lassen, macht Brinkmann eine andere Kontinuität der fortgesetzten Destruktion aus, die bis in die intimsten Lebensbereiche des einzelnen reicht: »Beziehungen sind Kriegsbeziehungen«, (Erk, S. 281) heißt es dazu abschließend im Tagebuch.

Der Aufstand, den das Tagebuch sich zum Programm gesetzt hat, gilt der Überwindung der bereits im frühkindlichen Stadium konditionierten existenziellen Todesangst. Im Tagebuch schreibt Brinkmann gegen seine individuelle Todesbesessenheit wie gegen die realen Todesdrohungen aus Geschichte und Gegenwart an. Dieses letzte Ziel seines Schreibens formuliert er im Tagebuch: »ich sehe nur eine Aufgabe für den Künstler gegenwärtig, gegen den psychosomatischen Tod, den Zwang bzw. die Konditionierung durch die Umwelt zum psychosomatischen Selbstmord zu schreiben!« (Erk, S. 251f.) Die ständige Präsenz des Todes auf den wechselnden Kriegsschauplätzen der Welt durch die Berichterstattung in den Massenmedien setzt sich individuell fort in der lähmenden Todesangst einer phantasierten Krebskrankheit des Autors: »*Donnerstagmorgen*, klebe bis 4 Uhr die in einem Schrecken rausgetippten Seiten in das Tagebuchheft ein, die ich seit meinem Herausfallen in

der Nacht von Donnerstag auf Freitag vergangener Woche nach
dem Zeitungssortieren zum Teil total betrunken, hochgeputscht
durch Kaffee, Angst, Panik, geschrieben habe, und *weiß* plötzlich,
was mich so rausgerissen hat, nämlich die entsetzlichen Bilder und
Geschichten und Verstümmelungen und dazwischen die kleinen
Krebsnachrichten über das Rauchen.« (Erk, S. 260) Wo kein selbst-
bewußtes Ich sich mehr gegenüber seiner Umwelt abgrenzen kann,
da verdichten sich die Todesbilder der Realität zu realen Bedrohungen des eigenen Lebens. Das Bewußtsein verliert die Möglichkeit
Grenzlinien zwischen sich und der Außenwelt zu ziehen, ohne jede
Chance des Selbstschutzes liefert es sich und seinen Körper den
Todesdrohungen der Umwelt aus und bezieht sie auf sich selber,
reagiert mit panischer, permanenter Todesangst auf die Allgegen-
wart des Todes.

Diese »Erfahrung der Ich-Auflösung« (Erk, S. 117) beschreibt
Brinkmann in seinem Tagebuch immer wieder: »Ich sind Viele und
so gehe Ich durch viele Ichs und merke, wie verwüstet die Gegend
ist.« (Erk, S. 100) Die Abwehr der latenten Todesdrohung ist nur
über die Rekonstruktion des Ichs möglich. Wenn das Tagebuch
diesem Versuch folgt, so muß es zuerst das fremde, aufgezwungene
Ich destruieren. Dazu notiert Brinkmann: »Ich mußte wieder lernen, mein Ich zu vergessen. / Diese von anderen, also beliebige,
Identität zu durchbrechen.« (Erk, S. 108) Ziel des Tagebuchs ist es,
durch ein Neuschreiben der eigenen Biographie die todbringenden
Bedrohungen des Ichs auszulöschen. Identität als durch individuelle
Lebensgeschichte erworbene wird als aufgezwungene Festlegung
der Person negiert. Sich von den Todeszeichen der eigenen Biographie zu befreien, ist das utopische Ziel von Brinkmanns Schreib-
anstrengung: »*Die verdammte Vergangenheit*, dieses Zufällige und
das Festgesetzwerden durch diese zufällige Vergangenheit als Identität.« (Erk, S. 307) Brinkmann weist hier wie an vielen anderen
Textstellen den modernen Identitätsbegriff als Produkt der anderen, als Festlegung der Person durch Fremdbilder aus. Nicht das
unverwechselbar Eigene macht die Identität des einzelnen aus, sondern die typisierende Zuschreibung anderer. Es sind die gesell-
schaftlich konzessionierten Rollenidentitäten, die die Ich-Entwicklung des einzelnen verhindern: »Das Ich! / : dieses von Familie,
Staat, Beruf, Lebenskulisse verwaltete Ich«. (Erk, S. 252) Dabei ist
die Familie die erste und bedeutendste Einheit, die dem einzelnen
eine serielle, fremde Identität aufzwingt: »IMMER geschunden,
verkrüppelt, beschnitten, verboten, ritualisiert, schließlich ver-
seucht von Familien, Vater, Mutter, ganzen Generationen, von
Staatsformen, Gesellschaftsformen, Handelsformen, von Religion

[...] von Schule in Wort und Bild – grauenhaft!« (Erk, S. 58) Im
Tagebuch nennt Brinkmann das »diese schäbige und zufällige Identität, dieses Eingesperrtsein durch einen Zweiten, der mich in dieser
zufälligen Identität sieht.« (Erk, S. 117) Diese äußere Identitätszu-
schreibung beinhaltet aber nur die eine Seite dessen, was Identität
ausmacht. Die zweite, weitgehend unbekannte, im Dunkeln lie-
gende Dimension umschreibt Brinkmann mit dem Unbewußten:
»(Wer??? Ist Es???) geht weiter/ Das Ist Das Leben/ Ist Das Leben
Ihr Leben/ [...] Es?/ Hat viele Verkleidungen/«. (Erk, S. 64) Dieser
wilde, verborgene Anteil der Person wird zum einen besetzt durch
die permanente Todesangst zum anderen aber beherbergt er alle
vitalen Bedürfnisse des Menschen und bildet so ein Phantasiepoten-
tial, in dem Utopie Gestalt annimmt. Wenn Brinkmann mit Rimbaud formuliert »Ich ist ein Anderer« (Erk, S. 365), so sind damit
diese beiden Dimensionen der Person angesprochen. In den wenigen Passagen, in denen Brinkmann das andere, das utopische Ich
zum Sprechen bringt, entwirft er die Vision von einer Zukunft, in
der wie im Chinesischen das Personalpronomen aus der Sprache
verschwunden ist, d.h. die Segmentierung der Person in Fremdzu-
schreibungen und verdrängte unbewußte Anteile, das Du und Es,
nicht mehr existent wären. Denn nur was sprachlos existiert, entzieht sich dem gesellschaftlichen Zugriff. Identität würde voraus-
setzungslos und unbegrenzt akzeptiert, sie wäre selbstverständlich. So
ist alles Zukünftig-Utopische bei Brinkmann sprachlos: »das
Schöne ist für mich sprachlos«. (Erk, S. 93) Die Voraussetzung für
die Verwirklichung von Utopie wäre die Überwindung der alten
Identität das neue, »unbeschriebene« Ich: »*Das Andere?* Intensität,
Lernen, Hinsehen, Gefühl dafür was richtig ist und was versaut«,
(Erk, S. 280) oder anders gesagt, die Garantie für die Einlösung der
»Grundbedürfnisse: Bewegung, Stille, Achtung, Aufnahme! Ba-
lance zwischen Wechsel und Beständigkeit, gesichertes Heran-
wachsen im Frauenleib, Anspannung, Ziele«. (Erk, S. 115)

»Rom, Blicke«
Reisebericht

»Auch ich in Arkadien« (R.B, S. 16) notiert Brinkmann bei seinem
Aufbruch nach Rom als Stipendiat der Villa Massimo. Er stellt mit
diesem Motto aus Goethes *Italienischer Reise* nicht nur einen Bezug
zu der langen Tadition der Italienreisen verschiedenster Künstlerge-
nerationen her, sondern ordnet damit auch seinen Text

in das literarische Genre des Reiseberichts bzw. Reisetagebuchs ein. Motiv, Voraussetzung und Ergebnis des Italienaufenthalts markieren freilich einen Bruch mit der Geschichte der Italienreisenden, die mit ihrem Reiseerlebnis zumeist nicht nur die eigene Künstlerpersönlichkeit konsolidierten, sondern auch aus dem so gestärkten Selbstbewußtsein zu neuer Produktivität und zur Weiterentwicklung ihres künstlerischen Ausdrucks fanden. So konnte Goethe sein Italienerlebnis noch als »wahre Wiedergeburt«, als »zweiten Geburtstag« (Goethe, S. 194) feiern, mit dem die Weimarer Schaffenskrise überwunden wurde. Selbstfindung wird hier wie bei vielen späteren Romreisenden zum eigentlichen Programm und zur geheimen Hoffnung, deren Erfüllung Goethe selbstsicher als Erfolgsmeldung Charlotte von Stein berichtete: »In Rom hab' ich mich selbst zuerst gefunden, ich bin zuerst übereinstimmend mit mir selbst glücklich und vernünftig geworden.« (Goethe, S. 700) Von dem hochgestimmten Ton selbstbewußter Subjektivität des späten achtzehnten Jahrhunderts ist die Auseinandersetzung mit dem modernen Subjekt, die auch in Brinkmanns Reisetagebuch eine zentrale Rolle spielt, allerdings weit entfernt. Er notiert in bezug auf Goethes Italienreise: »Man müßte es wie Goethe machen, der Idiot: alles und jedes gut finden / was der für eine permanente Selbststeigerung gemacht hat, ist unglaublich, sobald man das italienische Tagebuch liest: jeden kleinen Katzenschiß bewundert der und bringt sich damit ins Gerede.« (R, B, S. 115) Dagegen identifiziert sich Brinkmann mit dem weniger glücklichen Romreisenden Carl Philipp Moritz, von dem Goethe in seinem Italienischen Tagebuch schreibt: »Moritz der an seinem Armbruch noch im Bette liegt, erzählte mir wenn ich bey ihm war Stücke aus seinem Leben und ich erstaunte über die Ähnlichkeit mit dem Meinigen. Er ist wie ein jüngerer Bruder von mir, von der selben Art, nur da vom Schicksal verwahrlost und beschädigt, wo ich begünstigt und vorgezogen bin.« (Goethe. Tagebuch, S. 203) Auch Brinkmann bricht wie Goethe aus einer Krisensituation nach Rom auf. Nach den schnellen Erfolgen der populären amerikanischen Übersetzungen, denen die weniger erfolgreichen eigenen lyrischen Versuche folgten, hatte sich der Versuch einer Orientierung an amerikanischen Vorbildern erschöpft. Parallel dazu konnte 1973 das Scheitern der Studentenbewegung, wie Brinkmann es aus der Sicht des Betroffenen in den *Erkundungen* schildert, nicht mehr übersehen werden. Brinkmann hatte sich mit der ihm eigenen Radikalität von den Vertretern der Studentenbewegung losgesagt, Freunde und Kollegen durch persönliche Angriffe und Invektiven verprellt, sich selbst innerhalb des Literaturbetriebs isoliert. Aus dieser Außenseiterposition vollzieht er den totalen Bruch mit seiner schriftstellerischen Vergangenheit, distanziert sich von seinen Pop-Arbeiten, überwirft sich mit seinem Verleger (Vgl. Erk, S. 199) und seinem Mentor Dieter Wellershoff. Die Probleme der Familie verschärfen sich: »erst mein fürchterliches Herausfallen aus dem sozialen Image-Gefüge und Rang-Ordnungsgefüge, dieses lange, langsame Zerbrechen, und dann die Wiederholung bei den sogen. Underground, die irgendwie in den Overground wollen, nur leicht verändert, und wo dieselben Sachen laufen!« (Erk, S. 191) Diese Situation der Ausweglosigkeit zwingt ihn zur Annahme des Stipendiums in Rom. Weihnachten 1972 gesteht er in einem Brief an seine Frau aus Olevano, wohin er sich zurückgezogen hatte: »[...] und dann saß ich eines Nachmittags leer und hohl auf dem kleinen Stühlchen neben dem Schrank in der Küche, die schäbig war, Putz blätterte ab, große Feuchtigkeitsflekken, zerschlissener billiger Fußbodenbelag, ohne Ausweg, ohne Einfälle, ohne Vorhaben und Robert kam angetappt und ich sah die Umgebung und den Jammer und Geld war nicht da, was konnten wir noch einander sagen?« (R, B, S. 389) Als Schriftstellerexil hat Brinkmann seinen Aufenthalt in Italien erfahren, nicht als langersehnte Erfüllung eines Traums vom Bildungserlebnis. In einem weiteren Brief an Maleen Brinkmann schreibt er: »Du hast es damals, ehe ich wußte, daß ich überhaupt hierherkommen könnte oder würde, einmal gesagt: zu einfach, nur ein Aufschieben, [...] das man mir bezahlt, ein ›Bildungsaufenthalt‹? ein Arbeitsaufenthalt? wie denn, unter solchen Umständen, und 10 Monate, was kann sich da setzen, niederschlagen, verändern? Und dann Italien? Soviel überflüssige Gedanken und Auseinandersetzungen mit diesem Land, mit seinen Ruinen, [...] arbeiten, an einem bestimmten begrenzten Feld, an einem Ort, das ist es, 'Welterfahrung'?« (R, B, S. 435) Von dieser Einstellung ist sein Blick auf das fremde Land geprägt. Vorherrschend wird die radikale Verweigerung der Auseinandersetzung mit diesem Land und seiner Geschichte. Dies hat freilich weitreichendere Ursachen als die oben zitierten: »Inzwischen ist dieses Arkadien ganz schön runtergekommen und zu einer Art Vorhölle geworden«, (R, B, S. 16) beschließt Brinkmann seine Erinnerung an den früheren Italienreisenden Goethe und konzentriert in diesem Nachsatz alle Gegensätze zwischen ihnen. Wenn Goethe in seinem Zitat der antiken Grabinschrift *et in arcadia ego* als machtvolles Subjekt über den Tod triumphiert, gewinnt der lateinische Spruch bei Brinkmann seine ursprüngliche Bedeutung zurück: Auch Arkadien steht unter dem Zeichen des Todes. Die gegen Goethe und seine Zeitgenossen gerichtete Lesart setzt bewußt dem emphatischen Bildungserlebnis ein Ende. Damit reklamiert Brinkmann für sich die Rolle des letzten Italienreisenden, dem nichts anderes bleibt, als den historischen Endpunkt des alten Europa, der abendländischen Zivilisation und deren Einwohner zu verkünden. Wenn die *Erkundungen* sich mit der Geschichte des Nachkriegsdeutschland auseinandersetzen, so rekonstruiert *Rom, Blicke* parallel dazu die Geschichte der abendländischen Kultur als übergeordneten Kontext, in dem die eigene Biographie wie die des eigenen Landes aufgehoben ist.

Mit seinem Reisebericht verkehrt er dieses Genre bürgerlicher Selbsterfahrung in sein Negativ. Weder teilt er mit seinen Vorgängern das Interesse an der Inspiration und Weiterentwicklung des eigenen schöpferischen Ausdrucks in der Begegnung mit der Geschichte einer der bedeutendsten Kulturen des Abendlandes noch setzt er auf die Herausbildung und Festigung personaler Identität durch die Konfrontation mit der fremden Lebenspraxis südlicher Länder. Dagegen führt er vor, wie die zeitgenössische Realität diese literarische Form und nicht nur sie entleert und zerstört hat. Akribisch trägt er Indizien für den Niedergang der abendländischen Kultur, das Ende der Idee Europa zusammen. Das alltägliche Material, das er im Rom-Buch sammelt, erweist sich beim näheren Hinsehen als Bekanntes. Fremde, aus nationalkulturellen Eigenheiten bestehende Elemente findet er im Italien der Gegenwart nicht. Vielmehr trifft er auf dieselben Enbleme der Warengesellschaft, die den gesamten europäischen Raum nach ihrem amerikanischen Vorbild zu einer uniformen Welt zusammenschließen. In vielen Fotographien zitiert er dieses Warenimage der westlichen Welt, von dem das Leben der einzelnen wie auch sie selbst gezeichnet sind. Zu Marshall Mc Luhans Theorem von der »Welt als globalem Dorf« liefert Brinkmann augenfällige Beweise: Die Produkte der internationalen Konzerne, amerikanische Filme, Pop-Musik, die Mode der Hippie-Kultur sprechen über jede kulturelle Identität das Todesurteil. Brinkmann nennt dies die »Auszehrung des Abendlandes durch den Amerikanismus, durch Überfremdung«. (R, B, S. 164) Von einem seiner Erkundungsgänge durch die Stadt berichtet er seiner Frau: »was für 1 Umgebung: Überall stehen sie rum, mit Flügeln & verbogen, schleppen Kreuze & Geißeln & Palmwedel, [...] & dann Plakate mit großen Farbfotos, dasselbe, dieselbe Geste, dieselbe Einstellung nur im Motiv verschieden, statt Heilige Frauen & Männer jetzt: rohe Fleischklumpen-Reklame.« (R, B, S. 245) Die modernen Repräsentanten der Warenwelt erweisen sich als Kopien, als Plagiate der Heiligen der Geschichte. Ihnen ist die Ikonographie der Ware in der Gegenwart abgeschaut. Monströs in ihrer Erscheinung beanspruchen beide als repressive Leitbilder die

Herrschaft über den einzelnen. In ihnen findet das Zerrbild des Angelus Novus der Geschichte seine Gestalt. Sie stehen ein für die negative Geschichte der abendländischen Zivilisation, die Brinkmann im Rom-Buch konstruiert. Wie die Gegenwartsgeschichte ist sie eine Geschichte des Todes. Bei seinen Erkundungsgängen durch die Stadt trägt Brinkmann einzelne Zeugnisse der Todesverfallenheit des alten Europa zusammen. Als wichtigsten Zeugen zitiert Brinkmann hier Giordano Bruno, dessen neues Denken ihn zum Opfer des christlichen Abendlandes werden ließ. Verfolgung und Ermordung Andersdenkender und die Verherrlichung des Todes im Totenkult kennzeichnen ebenso wie die Ruinenlandschaft als deutliches Zeichen des langsamen Zerfalls die europäische Geschichte: »Das Abendland, jeder, der sich darin bewegt, jeder, ist besessen von dem Tod! Von der Idee des Todes! Mehr Tod als Leben./ & mir fiel auch wieder ein, daß über der Steinpforte des Kölner Melatenfriedhofs in Goldschrift steht ›Sacer Locus‹ – Heiliger Ort – aber im alltäglichen Leben gibt es keine heiligen Orte«. (R, B, S. 249) Bei seinem Besuch der Mondo Cane-Gruft findet Brinkmann eine erschreckende Realisierung des »Ornaments der Masse«, wie es sein Vorbild Siegfried Kracauer beschrieben hatte, das einzig durch die Masse der Toten aus den deutschen Konzentrationslagern noch übertroffen wird. In den Dekorationen aus Menschenknochen, die die Gruft »ausschmücken«, sieht Brinkmann die sinnfälligste Bestätigung für »Das Verlöschen des Einzelnen in der Totenmasse bis über den Tod hinaus«, (R, B, S. 248) wie es Elias Canetti in Masse und Macht formuliert hatte: »eine wahnwitzige Besessenheit guckt hervor: die Besessenheit der Idee, der Gemeinschaft/von allen Seiten dringen Menschenknochen aus dem stumpfen Licht auf mich ein: jede individuelle Regung, das spüre ich wohl, soll betäubt werden, runtergeknüppelt –«. (R, B, S. 248)

Daß Brinkmann im Rom-Buch neben der Auseinandersetzung mit der Geschichtstradition auch den Dialog mit der literarischen Traditon wieder aufnimmt, und sein Text auf vielfältige Weise Zwiesprache mit der deutschen Literatur hält, realisiert sich nicht zuletzt auch in der literarischen Form des Textes. Als Reisebericht, Briefroman und Tagebuch in einem korrespondiert er mit Goethes *Italienischer Reise*. So konventionell die Wahl des veröffentlichten Briefwechsels auf den ersten Blick erscheint, vergleicht man ihn mit anderen Zeugnissen aus dem Genre des Reiseberichts, so liegt mit Brinkmanns Reisebuch doch mehr als eine bloße Adaption einer überkommenen literarischen Tradition vor. Die Form, die Brinkmann mit *Rom, Blicke* wählt, schließt nicht nur an das frühere Werk an, sondern überwindet auch seine Aporien.

Ganz bewußt hat Brinkmann die Umstände seines Rom-Aufenthalts um dieses neue Projekt von Schreiben und Leben hin arrangiert. So bleiben während dieser Zeit nicht nur die meisten anderen Projekte unausgeführt, einzig bereits Halbfertiges wird noch unter Druck realisiert. Entscheidender aber für die Realisierung des neuen Konzepts von Schreiben ist die auf den ersten Blick unverständliche, asketische bis selbstzerstörerisch anmutende Isolation des Autors. So geht Brinkmann mit dem ersten Tag seines Rom-Aufenthalts auf Distanz zu den anwesenden Schriftstellerkollegen. Wichtiger aber als die Ablehnung jeglicher sozialen Kontakte ist seine konstante Weigerung, die italienische Sprache zu lernen: »Ich überlegte mir, daß ich nicht italienisch werde lernen, sondern auf der Straße mir das Nötigste aneigne, so bleiben diese ganzen Wörter für mich sinnlose Zeichen, und meine anderen Sinne werden geschärft durch dauernde Wachsamkeit-«. (R, B, S. 21 f.) Nicht die Brinkmann häufig unterstellte Arroganz kann hier als Motiv geltend gemacht werden, sondern sein bewußtes Arrangement einer Laborsituation für sein Selbstexperiment, dessen Eingangsbedingungen und Erfolgsvoraussetzungen die Aufrechterhaltung einer grundsätzlichen Fremdheit gegenüber der Umwelt ist. Sie ist Voraussetzung für die Abwehr einer Realität, deren Zeichenhaftigkeit über die Vermittlung von Sprache sich als bereits gedeutete ausweist. Eine Annäherung an jene utopische Unmittelbarkeit sinnlichen Erlebens ohne die Dazwischenkunft bereits vorformulierter Deutungen versucht dieses Experiment einzulösen. Dieser Rekonstruktion von Unmittelbarkeit ist Brinkmanns selbstgewählte Isolation, seine Verweigerung der Kommunikation, verpflichtet. Immer wieder variiert er diesen Gedanken im Rom-Buch: »Wörtern sind wir aufgesessen statt Leben, Begriffen statt Lebendigkeit, sollte es wundern, wenn wir erstickt werden von Wörtern und Begriffen?« (R, B, S. 139)

Postkarte und Photographie

Die Verortung des Ichs in der Gegenwart begreift Brinkmann im Rom-Buch zuerst einmal ganz konkret als eine innerhalb Raum und Zeit. Daher versucht er akribisch sich seine Umwelt bis ins kleinste Detail zu erschließen. Das Material zu diesem Projekt der bewußten Umweltwahrnehmung sammelt er auf seinen unzähligen Erkundungsgängen durch das Gelände der Villa Massimo, die ehemalige Metropole des Abendlandes und den kleinen Bergort Olevano, in dem er den Jahreswechsel verbringt. Auf Landkarten und

Stadtplänen kommentiert er seine Wahrnehmung, illustriert einzelne Orte und Plätze durch Photos oder Postkarten und arrangiert so Realität nach einem ihm eigenen Ordnungsprinzip optisch und sprachlich. Photographie und Postkarte ergänzen sich wechselseitig bei der visuellen Reorganisation der Umwelt. Während die Postkarten das Außergewöhnliche, das Einmalige, die Superlative des Ortes, eine fiktive Realität zeichnen, verweisen die Photographien auf diejenigen Realitätsbezirke, die von der offiziellen Repräsentation ausgeschlossen werden. Im Alltäglichen, scheinbar Banalen und dem Häßlichen findet sie ihre Gegenstände. Die Photographie bildet so die Kehrseite der Postkarte, wenn sie das aus den konventionellen Wahrnehmungserwartungen Ausgegrenzte, Verdrängte, die Abweichungen von dem offiziellen Bild des Ortes in den Blick fast. Postkarte und Photographie stehen so stellvertretend für diametral entgegengesetzte Wahrnehmungsmuster. Während in der Postkarte noch einmal die gesellschaftliche Norm zu symbolischen Bildern gerinnt, materialisiert sich in der Photographie der radikal subjektive Blick des einzelnen auf seine Umwelt. Beide Blicke fallen weit auseinander: Während die Postkarten repräsentativer Bauwerke, von Fotomodellen, Autos, Motorrädern, Militärflugzeugen u. ä. Wunsch- und Traumbilder auf buntem Hochglanzpapier zu scheinhaftem Leben erstehen lassen, in denen sich die Allmachtsphantasien und Glücksvorstellungen ihrer Käufer spiegeln, zeigen die Photos eine häßliche Welt des Zerfalls, die Zerstörung der Umwelt durch den Menschen und seine gefährlichen Träume oder dokumentieren die unbeachtete, stille Existenz des Unauffälligen, Unspektakulären. Damit werden sie zu Archiven des Lebens. Sie sind die intimen Zeugen individueller Existenz, wie Brinkmanns Photos seiner persönlichen Dinge im Zugabteil auf der Fahrt zu seiner Lesung in Graz. (R, B, S. 150)

Briefroman

»(Dieser Brief hier ist wieder ein langer ›Reise'bericht geworden. Lies ihn auch so. Nimm dir daraus, was Du für Dich verwenden kannst, was Du Dir daraus vorstellen kannst.) –« (R, B, S. 435) Für seinen Reisebericht hat Brinkmann die Briefform gewählt. Die langen Briefe an seine Frau, den Bruder und wenige Freunde sind neben dem Hörspiel die einzigen Texte, an denen Brinkmann in Rom arbeitet. Er bedient sich hier noch einmal eines literarischen Genres des achtzehnten Jahrhunderts. In der literarischen Gebrauchsform, dem vorrangigen Medium privater Selbstmitteilung, entwirft sich das schreibende Ich auf seinen konkreten Gesprächspartner, den einzelnen und einzigen Empfänger hin. Schreiben wird hier zurückgeführt auf eine seiner ursprünglichen Funktionen, die der privaten Mitteilung zwischen räumlich getrennten Partnern. Brinkmann reprivatisiert so sein Schreiben zunächst, um diese im Schreiben zurückgewonnene Intimität im nächsten Schritt zu veröffentlichen. Mit der Veröffentlichung von Intimität insistiert Brinkmann einmal mehr auf den Rechten und Ansprüchen des Ichs und demonstriert seine Abkehr vom stellvertretenden Sprechen des Schriftstellers für ein anonymes Publikums. Neben dem Tagebuch stellt so der Briefwechsel ein weiteres Medium ungeschützter Selbstaussage und radikaler Selbstdarstellung dar. Mit seiner offenen Form und der ichbezogenen Unmittelbarkeit des Briefes eignet sich Brinkmann ein traditionelles Medium des weiblichen Diskurses an und gewinnt damit nicht nur die Voraussetzung für eine gleichberechtigte Kommunikation der Partner, sondern weist diese Form des Dialogs als utopische Möglichkeit von Verständigung überhaupt aus.

Nicht von ungefähr findet der Dialog der Briefschreiber sein Thema in der Problematik der Verständigung und des Zusammenlebens der Geschlechter. Brinkmann sucht in den vielen Briefen an seine Frau Möglichkeiten der Wiederaufnahme des Dialogs nach ihrer schleichenden Entfremdung voneinander und den zerstörerischen Auseinandersetzungen des alltäglichen Zusammenlebens. In Olevano resümiert Brinkmann zum Jahreswechsel 1972/73 seine Kölner Situation und gesteht aus der Distanz seine Hilflosigkeit ein: »Mitten in dem tobenden, fluchenden, zerrenden Windgebrülle, beim Essen, fiel mir Deine Bemerkung ein, die Du einmal im Verlauf eines Telefongespräches gemacht hast und die mich bestürzt hat, nämlich daß Du gar nicht wüßtest, was Du vermissen solltest und der Gedanke an ein weiteres Zusammenleben eher Dir einen Schrecken versetzte. Die Bestürzung, die ich damals am Telefon erhielt, hatte sich jetzt verwandelt, da ich an Deine Aussage dachte. Unser Zusammenleben war ja zu einer bösen Erzählung geworden, (ist eine böse Erzählung? Eine Fiktion?) und diese Erzählung, die es mehr und mehr geworden ist, muß wohl verlassen werden.« (R, B, S. 426) Am Ende scheint es fast so, als sei auch dieses Projekt der neuerlichen Annäherung der Partner gescheitert. Resigniert beschließt Brinkmann, seine rückhaltlose Selbstoffenbarung wie die lückenlose Dokumentation seines Alltags einzustellen, die seiner Partnerin eine größtmögliche Nähe aus der Distanz, ein Zusammenleben in der Fiktion, auf der Ebene der Wörter ermöglichen sollte: »viel später, und nach dem ganzen Hin und Her der Telefo-

nate, kann ich nur sagen, daß ich keinen Sinn mehr darin sehe, Dir
länger etwas aufzuschreiben und zu berichten. Wozu? Und was hilft
es? Und wem? Dir? Mir? Dieser lange Brief ist ebenso überflüssig
wie das meiste andere. Ich gebs hier auf.« (R, B, S. 445) Die Ursachen für das Scheitern dieses Kommunikationsversuchs zwischen
den Partnern weisen über das rein individuelle Versagen hinaus.
Ihre Konflikte tragen allgemeine Züge. Die private Rede ist infiziert
vom öffentlichen Diskurs über Geschlechtsrollen und Geschlechterbeziehungen. Gegen die Einengung in stereotype Geschlechtsrollen schreibt Brinkmann im Rom-Buch an. In seinen sezierenden
Beobachtungen entlarvt er die archaischen Muster von weiblichen
Verführergesten und männlichen Potenzdemonstrationen und Besitzergebärden in dem Verhalten der südländischen Männer, der
Prostituierten Roms wie der emanzipierten Frauen seiner Schriftstellerkollegen. Eine Tendenz zur Auslöschung von Individualität
macht er auch hier in den Typisierungen der »Boutiquen-Körper«
aus: »Es wäre besser, sie seien wie sie sind, und nicht dieser Schnittmusterbogen.« (R, B, S. 324) Die Festlegungen in der Beziehung
zwischen Mann und Frau durch den öffentlichen Diskurs verhindern individuelle Konfliktbewältigungen und -lösungen. Mit der
Institutionalisierung einer öffentlichen Rede über Geschlechtsrollen
und Sexualität wird interpersonales Verhalten zu einer abstrakten
Angelegenheit wissenschaftlicher Analyse. Wo die Zuständigkeit
für das individuelle Verhalten an die institutionalisierten Sozialagenturen der Psychoanalyse, Soziologie oder Pädagogik delegiert
wird, beginnt nach Brinkmanns Diagnose der Kampf zwischen den
Geschlechtern, in dem individuelle Ansprüche und Wahrheiten
nicht mehr artikuliert werden können. Mit seinen Überlegungen
steht Brinkmann auch hier quer zu der entstehenden Frauenbewegung am Anfang der siebziger Jahre.

In seinem Versuch die Distanz zwischen den Geschlechtern zu
überwinden, kennzeichnet er die Frauen als das überlegene Geschlecht. Mit ihrer natürlichen Produktivität beschreibt Brinkmann
ihre biologische Überlegenheit, auf die der Mann mit produktiven
Ersatzhandlungen reagiert. Wenn Brinkmann sein Schreiben
immer wieder als künstliche Nachahmung von Leben beschreibt, so
muß er die Konkurrenz mit der Frau verlieren, da seine Schöpfungen aus toten Buchstaben Surrogate des Lebens bleiben. Im Rom-Buch schreibt er an seine Frau: »Eine Frau: ist bestimmt dem Leben
näher, und Leben: ist Kochen, gebären, austragen, alle Mühsal, ein
Angewiesensein auf einen Mann, wegen des Geldes, was müssen da
für Verhärtungen eingeprobt werden, was? Und immer das Geschlecht: aber eine Frau, jede Frau, wäre doch doof würde sie die

Erleichterung durch das Geschlecht nicht annehmen. / [...] Gut,
und wenn jetzt das eine Frau weiß? (So wie Du!) – Was passiert
dann? Das Döfste wäre, sie versuchte eine Konkurrenz zu den
männlichen Eigenschaften, sie müßte weiblicher werden, und das ist
eine große Sache und bestimmt – das heißt: die ganz alten Tendenzen der Arterhaltung in eine Lusterhaltung zu verwandeln verstehen.« (R, B, S. 186) Brinkmann erhebt hier die Frau zu einem
Symbol des Lebens. In der Fiktion des literarischen Entwurfs bildet
sie den rettenden Gegenpol zu den alltäglichen Todesdrohungen,
denen der Mann hilflos ausgesetzt ist.

Intertextualität

Die Verschmelzung verschiedener literarischer Gattungen, die
Brinkmann in den sechziger Jahren propagiert hatte, löst das Rom-
Buch ein und dehnt dieses Programm zugleich weiter aus. *Rom,
Blicke* ist kein literarischer Text im traditionellen Sinne mehr, sondern bildet mit seinen vielen Anleihen und Bezugnahmen bei literarischen Vorbildern und verschiedensten wissenschaftlichen Texten
einen Mischtext, der Züge essayistischen Schreibens trägt. Durch
diese Auflösung der Textgattungen bricht Brinkmann die konventionellen Grenzziehungen zwischen den einzelnen Diskurssyste-
men auf. Sein Text kennt keine Berührungsängste gegenüber dem
wissenschaftlichen Diskurs. Er ignoriert die Trennungen der einzelnen Diskurssysteme und läßt einen individuellen Text entstehen,
dem die bestehenden Theoriesysteme ebenso wie die literarische
Tradition als freiverfügbares Material erscheinen. Wenn Brinkmann
in seiner Lyrik bereits auf die neuen Wahrnehmungsangebote und
-gewohnheiten durch die massenwirksamen audivisuellen Medien
reagiert hatte, so konkurriert seine Prosa mit dem zum Allgemeingut gewordenen Analyseverfahren der Sozialwissenschaften, der
Psychoanalyse, der Anthropologie, der Biologie und der Verhal-
tensforschung. An seine Frau schreibt er: »Bilz, von Hentig, der
Gangster-Kriminologe, sie vermögen interessante und überra-
schende Einsichten seitenlang zusammenzustellen, eigenartige
Schreiber, die soweit über ihr Fachgebiet hinausgegangen sind, sie
lese ich gern – und nehme mir auch von ihnen.« (R, B, S. 386) Wenn
Erfahrung und Wahrnehmung früherer Jahrhunderte eine entscheidende Prägung durch literarische Muster erfuhr, so reagiert Brinkmann auf jene neuen Paradigmata der modernen Sozialwissenschaften, die in der Gegenwart die Literatur abgelöst haben. Intextua-

lität bei Brinkmann besteht daher nur zu einem verschwindend geringen Teil aus literarischen Bezugnahmen, der wesentlich größere Anteil besteht aus Anleihen bei den modernen Humanwissenschaften. Brinkmann tritt so mit seinen Texten, deren genuin »literarischer« Charakter zugunsten analytischen Schreibens immer mehr in den Hintergrund tritt, in den sozialwissenschaftlich geprägten Diskurs der Gegenwart ein, ohne sich seinen strengen Regeln zu unterwerfen. Aus dieser Mischung verschiedener Diskurssysteme beziehen seine Texte ihre kritische Potenz wie ihre utopische Dimension, wenn sie den Systemzwang des Denkens aufzubrechen versuchen, um dem ein radikal subjektbezogenes Denken entgegenzusetzen. Brinkmann selbst hat diese neue Form des Schreibens als »science-fiction« (Erk, S. 252) gekennzeichnet, was nichts anderes bedeutet als die Verbindung von Wissenschaft und Phantasie.

Die literarische Tradition, in die sich Brinkmann einstellt, ist eine der Außenseiter in doppeltem Sinne, denen nicht nur zu Lebzeiten, sondern auch nach ihrem Tode die Anerkennung ihrer Person wie die angemessene Würdigung ihres Werkes versagt blieb. Zu ihnen zählt Brinkmann, Carl Philipp Moritz, Jean Paul, Arno Schmidt und Hans Henny Jahnn. Ihnen allen gemeinsan ist ihr Beharren auf den Ansprüchen des Subjekts gegen gesellschaftliche Widerstände und Sanktionen. In dem Naturphilosophen Giordano Bruno, zu dessen Hinrichtungsstätte am Campo di Fiori Brinkmann in Rom wallfahrtet, kulminiert das Bild von dem großen einzelnen als Märtyrer der Geschichte: »Giordano Bruno, abgefallener Dominikanermönch – immer auf der Seite Einzelner, nicht der Vielen – kaputt, verkohlt, verscherbelt von son'nem jungen Kaufmann aus Venedig, Mocenigo ((:dessen erster Laut später Wilhelm Reich, auch ganz am Ende, als in den USA 1956 seine Bücher vom CIA abgekarrt worden waren, und in einer automatischen Verbrennungsanlage in Flammen aufgingen, ihn selber sperrte man ins Irrenhaus, eine moderne Form der Geistverbrennung, 450 Jahre später, [. . .] benutzte um seiner Privat-Mythologie den Namen des geistig-verpesteten Bösen einfügen zu können: Modju – der zweite Laut: Dju kommt von Stalin, der Djugaswili hieß))«. (R, B, S. 68) Gemeinsam ist allen diesen Vorbildern Brinkmanns auch ihre radikale Skepsis gegenüber jedem optimistischen Geschichtsentwurf oder positiven Entwicklungsbegriff, jener Fortschrittsdemagogie, in deren Namen Unrecht und die Unterdrückung der Ansprüche des einzelnen legitimiert wird. Sie alle zeichnet ihre Ablehnung gegenüber jedem Systemdenken und allen Ideologien aus, die ihnen die Möglichkeit zur Überschreitung der engen Grenzen den Denkens ihrer Zeit und dadurch die Fähigkeit zur Phantasietätigkeit erhielt.

Damit werden sie für Brinkmann zu Verbündeten im Kampf für die vitalen Interessen des einzelnen und gegen den mentalen wie physischen Tod. In diesem Sinne spielt er Wilhelm Reich gegen Sigmund Freud aus, den er den »todessüchtigen Österreicher« (R, B, S. 324) nennt. Während Freud mit seiner Fesselung des einzelnen an seine unbewußte Geschichte und seiner Lehre vom Todestrieb von Brinkmann abgelehnt wird, steht Reich mit seiner Orgon-Theorie für die Rettung vitaler Bedürfnisse und Energien des Menschen ein. Zuletzt bezieht Brinkmann in seiner Kontroverse mit dem Schriftstellerkollegen Piwitt Stellung für den einzelnen und seinen individuellen Glücksanspruch. Mit Nietzsches Zarathustra, der im gesamten Spätwerk untergründig präsent ist, argumentiert er gegen Piwitts Parteinahme für den Sozialismus, den er als Diktatur der unaufgeklärten Masse ablehnt: »Was haben sie, die Einzelnen, getan? Daß man sie so verfolgte? Zertrat? Den Außenseiter so unbarmherzig verfolgte? Er paßte den Vielen nicht, er machte ihnen Angst mit seiner Freude am Ausdrücken, Entdecken, Darstellen, Fugen, Concerte, Gedichte erfinden – sie haben immer, zu jeder Zeit, bis heute mit dem Sozialismus und Kapitalismus, diesen beiden sich gegenseitig Determinierenden und Definierenden, [...] ihn – den Einzelnen, der gesagt hat, der Mensch ist Einzelwesen- zerschlagen, in einem wilden höhnischen Haß, sie haben ihn mit Philologie, mit Fräcken und Vernissagen, mit der ›Gesellschaftlichkeit‹ in jeder Form erschlagen!« (R, B, S. 267) Mit Nietzsche Marx zu kritisieren, bedeutete 1972 eine Provokation des linken Bewußtseins, hieß Verrat an den Zielen der Bewegung, dem die Diskriminierung als Außenseiter durch das linke Kollektivbewußtsein unmittelbar folgte. Am Ende behielt der langjährige Kontrahent Piwitt in seiner Spiegel-Rezension des postum erschienenen Rom-Buchs das letzte Wort, und vernichtete seinen Gegner ein letztes Mal: »Und dann der viele Nietzsche: Ich dachte, er mache Spaß. [...] Ich dachte mit Nietzsche müsse man bis spätestens zwanzig durch sein«. Vier Jahre später nähert er sich aus der Distanz seinem ehemaligen Gegner in seiner eigenen Autobiographie wieder an: »Manchmal schreibt mir Brinkmann aus Rom. Es sind fast die einzigen Briefe, die kommen, und es geht ihm offenbar genauso wie mir. Und dann hauen wir uns per Post die Wut über unsere Einsamkeit als Weltanschauung um die Ohren.« (Deutschland, S. 49)

»Schnitte«
Nachrichten-Magazin

Mit *Schnitte* liegt seit 1988 der letzte der drei großen späten Prosa-Texte vor. Er entstand parallel zu *Rom, Blicke* und stellt eine komprimierte Form der zwei vorhergehenden Tagebücher dar. Mit diesem Text hat Brinkmann sein Tagebuch-Projekt abgeschlossen. Ob es allerdings allein als der von Brinkmann geplante Roman zu betrachten ist, wie Maleen Brinkmann in ihrer Nachbemerkung behauptet, scheint zweifelhaft. Daß *Schnitte* zumindest die Essenz der Tagebuch-Arbeiten darstellt, belegt seine Konstruktion. Der Band setzt sich über weite Teile aus einer neuen Kombination früherer Texte zusammen. Als Selbstzitat verdichtet er so noch einmal alle zentralen Positionen des Brinkmannschen Prosawerks und denkt sie konsequent zu Ende. Darüber hinaus erreicht Brinkmanns Collagen-Arbeit aus Text und Bild hier formal wie inhaltlich ihre höchste Entwicklungsstufe. Der aufwendige Band, er enthält im Gegensatz zu den vorhergehenden Bänden auch farbige Abbildungen, präsentiert einen collagierten Bildtext, bei dem die beiden Darstellungsmittel zu gleichen Anteilen vertreten sind, das Bildmaterial gleichberechtigt neben den Text tritt, ja sogar manchmal die Textebene dominiert. Die meisten der einzelnen Seiten, vor allen Dingen die reinen Bildseiten können auch für sich alleine stehen. In ihnen hat Brinkmann neue Variationen seiner alten thematischen Trias von »Sex, Geld und Tod« geschaffen. Durch ihren eigenständigen Charakter lösen sie Brinkmanns Forderung nach der Verschmelzung verschiedener künstlerischer Ausdrucksformen konsequent ein. Mit seinen Bild-Text-Montagen knüpft er hier an die dadaistische Montagetechnik eines John Heartfield oder George Grosz an, indem er die Signatur der Gegenwart über ihre Symbole ins Bild setzt. Damit schafft Brinkmann »Hieroglyphen« (Sch, S. 105) der Gegenwart, Bild-Zeichen des Bestands und der Verfassung der Gegenwartskultur. Unmittelbarer, ohne die distanzierende Dazwischenkunft sprachlicher Rationalisierungen und Abstraktionen treffen diese Bilder aus Fundstücken der Realität den Betrachter. Mit seiner Hinwendung zur visuellen Gestaltung hat Brinkmann den Verzicht auf Sprache eingelöst, dem sein Werk immer wieder das Wort redet.

. Der Titel des Bandes unterstreicht dieses Programm. *Schnitte* bezeichnet zum einen die künstlerische Technik, der sich Brinkmann hier bedient. Seine Vorstellung von der Übertragung filmischer Techniken auf das literarische Medium, die er schon mit seinen frühen Erzählungen und Gedichten umzusetzen versuchte, wird hier um eine neue Dimension erweitert. Text- und Bildebenen werden nicht nur jeweils selbst, sondern auch zueinander durch Schnitte montiert. Der Titel des Bandes gibt aber auch den Grund für das Zerreißen eines geschlossenen Text-Bild-Kontinuums an. Der zerstückelte Bildtext verweist auf reale Verletzungen, für die Brinkmann die schmerzhaft erfahrenen physischen und psychischen Zumutungen der Realität verantwortlich macht. In seinem späten Werk hat er die individualgeschichtlich erfahrene Beschädigung objektiviert.

So umfaßt bereits die Titelseite das gesamte Programm des Bandes, dem die folgenden Seiten als endloser Kommentar beigestellt sind. Die der Collage zugrundeliegende Time-Titelseite, eine Castaneda-Illustration, benennt die widerstreitenden Prinzipien von Brinkmanns Schreiben: »Magic and Reality«. Als »Nachrichten-Magazin« wird Schnitte zum »Totenbuch«, das »Die letzte Seite« der Geschichte ankündigt. Ihr unterminierendes Prinzip beschreibt Brinkmann als Magie und meint damit die kreative Tätigkeit künstlerischer Produktion als einer Reise durch Raum und Zeit. Daß mit Brinkmanns Buch zwei ungleiche Prinzipien den Kampf aufnehmen, verbirgt die Titelseite nicht, wenn sie das Ergebnis seines Unternehmens als »verrecktes Traumbuch« kennzeichnet.

Wie in keinem anderen Text zuvor artikuliert Brinkmann hier in ständigen Wiederholungen seine Obsessionen und Ängste. Im genauesten Wortsinn schreibt er hier die letzte Seite seiner Lebensgeschichte und der seines Landes. Noch einmal radikalisiert er seine Position und verwebt Individual- und Gesellschaftsgeschichte zu einem nicht mehr zu überbietenden Zusammenhang der Zerstörung. Wenn er seine historisch begründete Sprachkritik in *Westwärts* noch mit dem autoritären Charakter der Deutschen begründete, so schreibt er nun das letzte Kapitel seiner Geschichte als Geschichte der deutschen Sprache: »deutsch hab ich im KZ gelernt«, (Sch, S. 96) heißt die Antwort auf die Frage nach seiner »Muttersprache«. In einem weiteren Kontext beantwortet er damit auch die Frage nach seiner Herkunft und seiner Zukunft: »wo kommst du gewesen?« (Erk, S. 45) Wenn Brinkmann sich hier mit den Opfern der Naziherrschaft identifiziert, so benennt er damit nicht nur eine gesellschaftliche Ursache seiner Todesangst, sondern entwirft seine Schreckensvisionen als Wiederholungszwang der Geschichte, dem das Morden in den Konzentrationslagern das Vorbild gibt: »gestern ist lange her, geht einen langen weg zurück bis heute, hier, wo ich bin, das ist eine lange Geschichte, die darauf lauerte, zuzuschlagen, sobald einer abwich, jeder kontrollierte irgendwas, immer/: Straßenszenen mit Erhängten tauchen auf tote hängende

Kadaver als Dekoration von Bäumen, Balkonen, Betonpfeilern, auf einer größeren Kreuzung eine unförmige Masse von Vergasten, Körper, die durcheinandergestürzt sind, letzte Fäkalienausscheidung als Entladung, dann abgefetzte Wände, die mit Wortresten bedeckt sind, kaum Passanten, stehengelassene Wagen, mitten auf einem Asphaltstück ein zusammengebrochener Kühlschrank, die Türen der Geschäfte und Supermärkte sind weit geöffnet, in langen Bandstreifen haben sich die Papierrollen der Addiermaschinen nach draußen gewunden, wehende raschelnde Zahlenschlangen, leicht bewegt, Sturzhelme liegen herum, verfaultes Gemüse, Gesangbücher und Wörterbücher, schnell verfallende Romane und Übersetzungen, aus den Kanalisationslöchern kommt irisierendes Geschlinge hervor.« (Sch, S. 104) Deutsch ist die Sprache des Grauens, dem sie in der Geschichte Gestalt verliehen hat. Von den Tätern der Geschichte erbt die nachfolgende Generation durch die Fesselung an die gemeinsame Sprache das Vokabular für ihre eigenen apokalyptischen Angstvisionen. Im Paradox der aufgezwungenen Mittäterrolle und der bewußt angenommenen Rolle der Opfer kristallisiert sich die ureigene Problematik deutscher Ichfindung.

Brinkmanns Suche nach einer anderen Sprache, für die er immer wieder neue Modelle entworfen hat, ob es die Sprachlosigkeit der Körperzeichen in *Westwärts* oder die halluzinatorischen Sprachneuschöpfungen im Rom-Buch oder *Worlds End* sind, findet in *Schnitte* ein neues Ziel. In der Kommunikation mit seinem Sohn Robert, dessen geistige Behinderung er als Herausforderung versteht, erprobt Brinkmann dieses letzte Modell eines anderen Sprechens, sich selbst über die Wahrnehmung der einfachen Dinge des Lebens mitzuteilen und mit dem Gesprächspartner zu verständigen: »lieber robert, guten morgen, schuhe zumachen, & auf den steinen in der sonne sitzen? warte, &wie der himmel wieder blau ist, &da ist ein loch im schuh, &wie das gras wächst, wie die sonne brüllt, &wie das grell den körper durchgeistert, oder was? momentmal, wie das eben verbleicht, da kriecht ne ameise, &wie das rumschlenkert, &wie wir auf der treppe in dem grellichten sitzen?« (Sch, S. 104) Dieses einfache Sprechen bricht mit der Herrschaft der Hauptwörter, darauf weist vordergründig die konsequente Kleinschreibung hin. Bedeutender aber ist der Verzicht auf das Personalpronomen in der ersten Person in dem utopischen Modell voraussetzungsloser, intersubjektiver Verständigung.

Anhang

Kurzbiographie

Am 16. 4. 1940 wird Rolf Dieter Brinkmann in Vechta / Oldenburg geboren. Der Vater, Josef Brinkmann, ist Finanzbeamter in Vechta. Frühkommunion. Besuch der Volksschule und des Gymnasiums Antonianum in Vechta. 1957 Krebstod der Mutter nach langem Leiden. Ostern 1958 verläßt Brinkmann das Antonianum nach Abschluß der 9. Klasse. Vorträge über den Existenzialismus Sartres, die Lyrik Benns und Brechts, über Ezra Pound, Arthur Rimbaud, August Stramm, Hermann Hesse und Heinrich Heine im Rahmen der Rhetorika, einer freiwilligen Schülerveranstaltung des Gymnasiums, wo er auch eigene Texte zur Diskussion stellt. Vergeblicher Versuch an einem anderen Gymnasium die Schulausbildung fortzusetzen. 1958 Reise nach Paris. 1959 Beginn einer Buchhändlerlehre in Essen. 1960 Erste Lyrikpublikationen. 1962 Umsiedlung nach Köln. 1963 Beginn des Studiums an der Pädagogischen Hochschule in Köln. 1964 Förderpreis des Landes Nordrhein Westfalen für junge Künstler. Heirat mit Maleen Brinkmann. Geburt des Sohnes Robert. Ab 1965 mehrere Aufenthalte in London. 1968 Versuche mit 8mm Filmen. Multimediale Lesungen mit Vorführungen eigener Filme. Drehbuch im Auftrag des WDR für ein Fernsehspiel mit dem Titel *Der Abstieg*, das sich mit der Geschichte eines Popsängers beschäftigt. 1969 Auf einer Diskussionsveranstaltung der Akademie der Künste in Westberlin mit den Kritikern Rudolf Hartung und Marcel Reich-Ranicki provoziert Brinkmann einen Eklat. Lesung in der Universität Köln mit Pop-Platten und roter Dokumentawurst. Der SDS protestiert gegen Brinkmanns Verhalten angesichts der politischen Situation. 1970 Fotoarbeiten. 1971 Stipendium des Landes Nordrhein Westfalen in Zusammenarbeit mit dem VS Nordrhein Westfalen. 1972–1973 Stipendiat der Deutschen Akademie Villa Massimo in Rom. 1974 Gast am German Department der Universität Austin, Texas. 23. 4. 1975 Unfalltod in London während einer Lesereise anläßlich des Cambridge Poetry Festivals. Beisetzung im Familiengrab in Vechta.

Werkverzeichnis

Buchpublikationen

Ihr nennt es Sprache. Achtzehn Gedichte. Leverkusen 1962.
Le Chant du Monde. Gedichte 1963–1964. Olef/Eifel 1964.
Le Chant du Monde. Gedichte mit Radierungen von Emil Schumacher. Olef/Eifel 1964.
Die Umarmung. Erzählungen. Köln und Berlin 1965.
Ohne Neger. Gedichte 1965. Hommerich 1966.
&-Gedichte. Berlin 1966.
Raupenbahn. Köln und Berlin 1966.
Was fraglich ist wofür. Köln und Berlin 1967.
Godzilla. Köln 1968. (Reihe Tangenten Nr. 9. Hg. von Walter Aue).
Keiner weiß mehr. Roman. Köln und Berlin 1968. Reinbek 1970 f.
Die Piloten. Neue Gedichte. Köln 1968.
Standphotos. Mit vier zweiteiligen Farbätzungen von Karolus Lodenkämper. Duisburg 1969.
Gras. Gedichte. Köln 1970.
Aus dem Notizbuch Rom 1972/73 »Worlds End«. Rom (Villa Massimo Druck. Deutsche Akademie) 1973.
Westwärts 1&2. Gedichte. Reinbek 1975.
Rom, Blicke. Reinbek 1979.
Standphotos. Reinbek 1980.
Der Film in Worten. Prosa. Erzählungen. Essays. Hörspiele. Fotos. Collagen. 1965–1974. Reinbek 1982.
Erzählungen. In der Grube. Die Bootsfahrt. Die Umarmung. Raupenbahn. Was unter die Dornen fiel. Reinbek 1985.
Eiswasser an der Guadelupe Str. Reinbek 1985.
Erkundungen für die Präzisierung des *Gefühls* für einen Aufstand: Reise Zeit Magazin (Tagebuch). Reinbek 1987.
Schnitte. Reinbek 1988.

Publikationen als Herausgeber oder Übersetzer

Der Gummibaum. Hauszeitschrift für neue Dichtung. 1. Köln 1969. Unpaginiert.
Acid. Neue amerikanische Szene. Zusammen mit Ralf Rainer Rygulla. Berlin und Schlechtenwegen 1969. Reinbek 1983.

Silverscreen. Neue amerikanische Lyrik. Köln 1969.
Frank O'Hara: Lunch Poems und andere Gedichte. Köln 1969.
Ted Berrigan: Guillaume Apollinaire ist tot. Und anderes. Frankfurt 1970.
Dreimal Underground. Charles Bukoski. Robert Sward. Harold Norse. In: Merkur. 1969. S. 916–918.
Sommer. Aus dem Amerikanischen. In: Akzente 32. 1985. S. 193.

Hörfunkarbeiten

Zu dem Hörspiel »Auf der Schwelle«. Gesendet am 12. 8. 1971 vom WDR Köln.
Auf der Schwelle. Hörspiel. Gesendet am 15. 8. 1971 vom WDR Köln.
Der Tierplanet. Hörspiel. Gesendet am 23. 4. 1972 vom WDR Köln.
Besuch in einer sterbenden Stadt. Hörspiel. Gesendet am 28. 6. 1973 vom WDR Köln.
Autorenalltag. WDR Köln 1974. Band 3009 975/1 u. 2.

Einzelpublikationen

Eingedenk der Märchenzeit. In: Neues Rheinland. Juni / Juli 1960.
Wenn ich komme. Eindenk der Märchenzeit. In: Blätter und Bilder 10. 1960. S. 76–77.
Drei Gedichte. In: Alphabet 61. Düsseldorf 1961. Unpaginiert.
In der Grube. In: Dieter Wellershoff (Hg.): Ein Tag in der Stadt. Köln 1962. S. 205–276.
Die Bootsfahrt. In: Neunzehn deutsche Erzählungen. München 1963. S. 91–99.
Ihr nennt es Sprache. Am Anfang war das Wort. In: Flugschrift für Lyrik 12. 1963/64. S. 4.
Kleines Lied für Unbegrabene. In: Flugschrift für Lyrik 13. 1964. S. 32.
Rheinisches Autoren ABC. In: Neues Rheinland. August / September 1964.
Die Klapper des Narren. In: Flugschrift für Lyrik 15. 1964/65. S. 32.
Nichts. In: Wolfgang Weyrach (Hg.): Alle diese Straßen. Geschichten und Berichte. München 1965. S. 272–279.
Porträts. Hier genau an dieser Stelle. Freundlicher Morgen. Pieper. In: Blickpunkte. Dezember 1965. S. 144.
Ohne Hitler. Da schnallst du ab. Mein fucking Herz. Immer auf dieselbe Stelle. In: Lyrische Hefte 8. 1966. H. 25. S. 22–23.
Nichts weiter. In: Merkur 20. 1966. H. 219. S. 550 -555.
Leserbrief an Konkret. In: Konkret 6. 1966.
Heute. In: Neues Rheinland. H. 49. April / Mai 1966.
Das alles. In: Jahresring 66/67. Beiträge zur deutschen Literatur und Kunst der Gegenwart. Stuttgart 1966. S. 72–80.

Strip. In: Hans Dollinger (Hg.): Außerdem. Deutsche Literatur minus Gruppe 47 = wieviel? München, Bern, Wien 1967. S. 377-382. Auch in: Marcel Reich-Ranicki (Hg.): Verteidigung der Zukunft. Deutsche Geschichten seit 1960. München 1972. S. 278-283.

Am Hang. In: Walther Karsch (Hg.): Porträts. 28 Erzählungen über ein Thema. Berlin, München, Wien 1967. S. 171-177.

London, Picadilly Circus. In: Die Welt 1. 4. 1967. Auch in: Manfred Franke (Hg.): Straßen und Plätze. Gütersloh 1967. S. 29-37.

Film von rückwärts gesehen. Der Mond, der Präsident und die amerikanische Prärie. Populäres Gedicht Nr. 11. Die Fortsetzung. Die Dunkelheit als ein Dunst für meine Frau. In: Merkur 21. 1967. H. 234. S. 848-849.

Der eine Mann. In: Lyrik aus dieser Zeit. 4. 1967/68. H. 4. S. 86.

Weißer Riese in der Luft. In: Frankfurter Allgemeine Zeitung 6. 2. 1968.

Anmerkungen zu Frank O'Hara. Ave Maria. Hotel Particular. In: LIT. Literaturmagazin im Kiepenheuer und Witsch Verlag 1. Köln 1968. S. 4-5.

Bilder 28. 6. - 29. 6. Aus einem in Arbeit befindlichen Roman. In: LIT. Literaturmagazin im Kiepenheuer und Witsch Verlag 1. Köln 1968. S. 11-15.

Wie ein Pilot. Populäres Gedicht Nr. 13. Suppe für Maleen. Film 1924. Hitze. Populäres Gedicht Nr. 17. Comics. In: Akzente 15. 1968. H. 1. S. 59-67.

Standbilder. Ein bestimmtes Bild von irgendwas. Frei-Flug. Schnee. Daguerreotypie von William Cody i. e. Buffalo Bill. Venyl. In: Merkur 22. 1968. H. 243. S. 628-631.

Eine Vorstellung von Popkorn und anderes. Populäres Gedicht Nr. 1. Flower Power. Das sexuelle Rotkäppchen. In: Konkret 9. 1968. S. 46-47.

Angriff aufs Monopol. Ich hasse alte Dichter. In: Christ und Welt. 15. 11. 1968.

Chelsea Girls. In: Kölner Stadtanzeiger 28. 12. 1968.

Flickermaschine. In: Vagelis Tsakiridis (Hg.): Supergarde. Düsseldorf 1969. S. 31-42.

Über Lyrik und Sexualität. In: Streit-Zeitschrift 7. Pornographie. 1969. H. 1. S. 65-70.

Vanille. Anmerkungen zu meinem Gedicht Vanille. In: März Texte 1. Darmstadt 1969. S. 106-144.

Der joviale Russe. Nach Apollinaire. La jolie rousse. Zusammen mit Ralf Rainer Rygulla. In: März Texte 1. Darmstadt 1969. S. 70-73.

Interview mit einem Verleger. In: März Texte 1. Darmstadt 1969. S. 283-296.

Aus unserer Küche. Die Bücher. 18. 9. 1969. 1 Paar Wörter. ›le fils de l'homme‹. Unterhosen. Ein paar Hinweise. In: Gummibaum. Hauszeitschrift für neue Dichtung 1. 1969. Unpaginiert.

Lange Zeit. Bild von Gary Cooper. Nur nicht aufgeben. Einfach. Einmal. Zehn Münzen aus Albanien. In: Gummibaum. Hauszeitschrift für neue Dichtung 2. Hg. von Rolf Eckart John. 1969. Unpaginiert.

Kartoon. Plakatwand. In: LIT. Literaturmagazin im Kiepenheuer und Witsch Verlag 2. Köln 1969. S. 17.

Ohne Rente. In: Michael Krüger und Klaus Wagenbach (Hg.): Tintenfisch. Jahrbuch für Literatur 2. Berlin 1969. S. 99.

Gaston ans Knie. In: LIT. Literaturmagazin im Kiepenheuer und Witsch Verlag 3. Köln 1969. S. 8. Dreimal Untergrund. Charles Bukowski, Robert Sward, Harold Norse. (Übersetzung). In: Merkur 24. 1970. H. 268. S. 747.

Gedicht über 4 Fische. Gedicht auf meinen Schallplattenspieler und anderes. In: Akzente 17. 1970. H. 2. S. 103–108.

Besprechung von Daniil Charms: Fälle. In: Ralf Rainer Rygulla (Hg.): Gummibaum. Hauszeitschrift für neue Dichtung 3. 1970. Unpaginiert. Auch in: Christ und Welt. 5. 6. 1970.

Phantastik des Banalen. Über Virginia Hill »Memoiren einer Gangsterbraut«. In: Der Spiegel 17. 8. 1970. S. 108–110.

Wie ich lebe und warum. In: Renate Matthaei (Hg.): Trivialmythen. Frankfurt 1970. S. 67–73.

Auszüge aus: Vorwort zu Die Piloten. Vorwort zu Silverscreen. Ein Vorfall. Einfaches Bild. Der nackte Fuß von Ava Gardner. Gedicht »Nacht«. In: Renate Matthaei (Hg.): Grenzverschiebungen. Neue Tendenzen in der deutschen Literatur. Köln 1970. S. 103–108.

Auf der Schwelle. In: WDR-Hörspielbuch. Köln 1971. S. 47–91.

Kälte. Meine blauen Wildlederschuhe. »Wer will schon die Zeitung von gestern?« Die afrikanische Fantasie. Hey, Joe. Gedicht über ein altes Thema. Ohne Titel. Comic-strip. In: Akzente 18. 1971. H. 1. S. 1–10.

Tortenboden. In: Tintenfisch. Jahrbuch für Literatur 4. Berlin 1971. S. 86.

Laßt das Stille-Virus frei. In: Stuttgarter Zeitung. 24. 7. 1971.

Selbstbildnis im Supermarkt. Wie ein Pilot. Noch mehr Schatten. In: Heinz Piontek (Hg.): Deutsche Gedichte seit 1960. Stuttgart 1972. S. 261–263.

Die Ferne, blau und weiß. Revolution. Wirf. Vage Luft. In: Hans Peter Keller (Hg.): Satzbau. Literatur aus Nordrhein-Westfalen. Düsseldorf 1972. S. 241–245.

To a world filled with compromise, we make no contribution. In: Manuskripte 12. 1972. H. 36. S. 38–45.

Programmschluß. In: Tintenfisch. Jahrbuch für Literatur 5. Berlin 1972. S. 105–106.

Auf der Schwelle. In: Akzente. H. 2. 1972. S. 160–180.

Das ist. Schatten, No Return. In: Zet 1. 1973. S. 42–43.

Der Auftrag. In: Merkur. 3. 1966. S. 550–555.

Henri, für einen Augenblick. In: Paul Schuhmann (Hg.): Kreatives Literaturlexikon. Starnberg 1974. S. 18.

Die Zeichnungen von Günther Knipp. In: Die Kunst. H. 8. 1974.

Fragment zu einigen populären Songs. In: Nicolas Born (Hg.): Literaturmagazin 3. Die Phantasie an die Macht. Literatur als Utopie. Reinbek 1975. S. 105–122.

Einen jener klassischen. Chevaux de Trait. In: Neues Rheinland. H. 6. 1975. S. 29.

Hymne auf einen italienischen Platz. In: Tintenfisch. Jahrbuch für Literatur 8. Berlin 1975. S. 12.

121

Na, irgendwie. In: Wolfgang Weyrauch (Hg.): Neue Expeditionen. Deutsche Lyrik von 1960–1975. München 1975. S. 156.

Ein unkontrolliertes Nachwort zu meinen Gedichten. In: Hermann Peter Piwitt und Peter Rühmkorf (Hg.): Literaturmagazin 5. Das Vergehen von Hören und Sehen. Aspekte der Kulturvernichtung. Reinbek 1976. S. 228–248.

In Briefen. Einfach Sonne. Gedicht. Schlaf, Magritte. Westwärts. Nach Shakespeare. Einer jener klassischen. Die Orangensaftmaschine. Gedicht. Sommer. Brief aus London. In: Jürgen Theobaldy (Hg.): Und ich bewege nicht doch … Gedichte vor und nach 1968. München 1977.

Roma Di Notte. In: Arbeitskreis linker Germanisten. Neue deutsche Lyrik. Beiträge zu Born, Brinkmann, Krechel, Theobaldy, Zahl u.a. Heidelberg 1977. S. 95–97.

Bruchstück Nr. 1. Nach Shakespeare. Wo sind sie. In: Hans Bender (Hg.): In diesem Land leben wir. Deutsche Gedichte der Gegenwart. Eine Anthologie in zehn Kapiteln. München 1978.

Nach Shakespeare. Einen jener klassischen. Verschiedene Titel. Fragment zu einigen populären Songs. Aus einem Brief vom 11. 2. 1975 an H.S., Austin, Texas. *** (Gedicht). In: Petrarca-Preis 1975–1979. München 1980. S. 111–122 u. 250f.

Brief. Gegangen. In: Die Zeit 27. 1979.

Rom, Blicke. In: Jürgen Manthey (Hg.): Literaturmagazin 10. Vorbilder. Reinbek 1979. S. 173–182.

Ortszeiten. Ein Alltag. Ein friedliches Gedicht. Vita nuova. In: Text + Kritik. 71. Rolf Dieter Brinkmann. 1981. S. 1–6.

Literatur über Brinkmann

Arnold, Heinz Ludwig (Hg.): Rolf Dieter Brinkmann. Text + Kritik. H. 71. 1981.

Bienek, Horst: Gewalt und Kritik. In: Süddeutsche Zeitung 20. 1. 1969.

Bock, Hans Bertram: Der Tod in Londons City. In: Nürnberger Nachrichten 26. 4. 1975.

Born, Nicolas: Stilleben einer Horrorwelt. Die Brüskierung der Erwartung. Zu den ersten Gedichten von Rolf Dieter Brinkmann. In: Ders.: Die Welt der Maschine. Aufsätze und Reden. Reinbek 1980. S. 63–67 u. 115–125.

Braun, Michael: Poesie ohne Wörter. Die Sprachkrise des Rolf Dieter Brinkmann. In: Ders.: Der poetische Augenblick. Essays zur Gegenwartsliteratur. Berlin 1986. S. 81–90.

Buselmeier, Michael: Das alltägliche Leben. Versuch über die neue Alltagslyrik. In: Neue Deutsche Lyrik. Beiträge zu Born, Brinkmann, Krechel, Theobaldy, Zahl u.a. Heidelberg 1977. S. 4–35.

Dencker, Klaus Peter: Sprache als ornamentaler Protest. Drei Kapitel zum Vorverständnis der Pop-Literatur unter besonderer Berücksichtigung von Rolf Dieter Brinkmanns Gedichten. In: Hermann Glaser (Hg.): Jugendstil. Stil der Jugend. München 1971. S. 79–101.

Dittberner, Hugo: Unterwegs mit den Leuten. In: Frankfurter Rundschau 20. 9. 1975.

Drews, Jörg: Selbsterfahrung und Neue Subjektivität in der Lyrik. In: Akzente 24. 1977. H. 1. S. 89–95.

Fischer, Ludwig: Vom Beweis der Güte des Puddings. Zu Jörg Drews und Jürgen Theobaldys Ansichten über neue Lyrik. In: Akzente 24. 1977. H. 4. S. 371–379.

Grack, Sybille: Dichter schießen sich ein. In: Die Zeit 29. 11. 1968.

Grössel, Hans: Vom Ernst des Dichtens. In: Süddeutsche Zeitung 26. 7. 1975.

Großklaus, Götz: Verlust und Wiedergewinnung der eigenen Geschichte: Rolf Dieter Brinkmann – Alexander Kluge. In: Bernd Thum (Hg.): Gegenwart und kulturelles Erbe. Ein Beitrag der Germanistik zur Kulturwissenschaft deutschsprachiger Länder. München 1985. S. 335–365.

Grzimek, Martin: Über den Verlust der Verantwortlichkeit. Zu Rolf Dieter Brinkmanns poetischen Texten. In: Neue Deutsche Lyrik. Beiträge zu Born, Brinkmann, Krechel, Theobaldy, Zahl u.a. Heidelberg 1977. S. 98–129.

Handke, Peter: Notizenfragmente zur Laudatio. In: Petrarca-Preis 1975–1979. München 1980. S. 123 f.

Hartung, Harald: Pop-Lyrik am Beispiel von R. D. Brinkmann. In: Replik 1970. H. 4/5. S. 57–62.

Hartung, Harald: Pop als »postmoderne« Literatur. Die deutsche Szene: Brinkmann und andere. In: Neue Rundschau 1971. H. 3. S. 723–742.

Hartung, Harald: Lyrik der »Postmoderne«. 4 Beispiele zu einer Ästhetik der Oberfläche. In: Abhandlungen aus der Pädagogischen Hochschule Berlin. Hg. von Walter Heistermann. Bd. 1. 1974. S. 303–328.

Heise, Hans Jürgen: Freier Vers, zerhackte Prosa, Schablonen-Poesie. Kritik an der neuen Weinerlichkeit und der neuen Schlampigkeit. In: Die Zeit 21. 11. 1980.

Herburger, Günter: Des Dichters Brinkmann Tod. In: Die Zeit 13. 6. 1975.

Hermand, Jost: Pop International. Eine kritische Analyse. Frankfurt 1971.

Hermand, Jost: Pop oder die These vom Ende der Kunst. In: Manfred Durzak (Hg.): Die deutsche Literatur der Gegenwart. Aspekte und Tendenzen. Stuttgart 1971. S. 285–299.

Hoffstaedter: Poetic text processing and its empirical investigation. In: Poetics 16. 1987. S. 75–91.

Hohoff, Curt: Die Politik stutzt dem Pegasus die Flügel oder Die Literatur wird umfunktioniert. In: Kölnische Rundschau 22. 1. 1969.

Knipp, Günther: Es gibt keinen Fall Brinkmann. In: Akzente 23. 1976. H. 5. S. 475–476.

Knörrich, Otto: Lyrische Postmoderne: Private Empirie und »neue Sensibilität« im Gedicht (Handke, Brinkmann, Herburger, Born). In: Ders.: Die deutsche Lyrik seit 1945. 2. neu bearb. u. erw. Auflage. Stuttgart 1978. S. 381–388.

Kritschil, Detlef: Demokratie muß schließlich sein. In: Kölnische Rundschau 7. 2. 1969.

Krolow, Karl: Das immer »anwendbarer« werdende politische Gedicht. In:

Dieter Lattmann (Hg.): Kindlers Literaturgeschichte der Gegenwart. Die Literatur der Bundesrepublik Deutschland. München u. Zürich 1973. S. 522–533. Frankfurt 1980. S. 198–199.

Laemmle, Peter: Ein Ich, das querliegt zur Welt. In: Süddeutsche Zeitung 24. 4. 1985.

Lampe, Gerhard Wilhelm: Subjekte ohne Subjektivität. Interpretationen zur Prosa Peter Handkes und zur Lyrik Rolf Dieter Brinkmanns. Bonn 1983.

Lampe, Gerhard W.: Ohne Subjektivität. Interpretaitonen zur Lyrik Rolf Dieter Brinkmanns vor dem Hintergrund der Studentenbewegung. Tübingen 1983.

Michaelis, Rolf: Schriftsteller gehen zu weit. In: Frankfurter Allgemeine Zeitung 19. 11. 1969.

Michaelis, Rolf: Todgehetzt von Rauschbegierden. In: Die Zeit 27. 4. 1979.

Morgenstern, Klaus: Einer zahlte seine Steuerschuld. in: Frankfurter Rundschau 11. 3. 1972.

Moschner, Manfred: Als ob nichts geschehen wäre. In: Kölnische Rundschau 5. 12. 1964.

Neumann, Nicolaus: Tod eines Handlungsreisenden. In: Stern 11. 7. 1975.

Reich-Ranicki, Marcel: . . . aber ein Poet war er doch. In: Frankfurter Allgemeine Zeitung 28. 4. 1975.

Richter, Hansjürgen: Ästhetik der Ambivalenz. Studien zur Struktur »postmoderner« Lyrik exemplarisch dargestellt an Rolf Dieter Brinkmanns Poetik und dem Gedichtband »Westwärts 1&2«. Frankfurt, Bern, New York 1983.

Riewoldt, Otto F.: Rolf Dieter Brinkmann. In: Kritisches Lexikon der Gegenwartsliteratur. Hg. von Heinz Ludwig Arnold. München 1978.

Ritter, Roman: Die »Neue Innerlichkeit«- von außen und innen betrachtet. Karin Struck, Peter Handke und Rolf Dieter Brinkmann. In: Kontext I. 1976. S 238–257.

Rohn, Gerd: Brinkmann zu monoton. In: Neue Rheinzeitung 5. 12. 1964.

Satorius, Joachim: Die Oberfläche des Sommers oder Was Brinkmann mit Ashbery machte. In: Akzente 32. 1985. S. 196–198.

Schenk, Holger: Das Kunstverständnis in den späten Texten Rolf Dieter Brinkmanns. Frankfurt, Bern, New York 1986.

Schnell, Hartmut: About Rolf Dieter Brinkmann. In: Dimension 8. 1975. No. 3. S. 388–390.

Schmiedt, Helmut: No satisfaction oder Keiner weiß mehr. In: Zeitschrift für Literaturwissenschaft und Linguistik. 1979. H. 34. S. 11–25.

Schuhmann, Klaus: Weltbild und Poetik. Zur Wirklichkeitsdarstellung in der Lyrik der BRD bis zur Mitte der Siebziger Jahre. Berlin und Weimar 1979.

Schwerter, Werner: Knallbunt und auch alltäglich. In: Rheinische Post. 26. 4. 1975.

Späth; Sibylle: »Rettungsversuche aus dem Todesterritorium« Zur Aktualität der Lyrik Rolf Dieter Brinkmanns. Literaturhistorische Untersuchungen 6. Hg. von Theo Buck. Frankfurt, Bern, New York 1986.

Theobaldy, Jürgen und Gustav Zürcher: Veränderungen der Lyrik. Über westdeutsche Gedichte seit 1965. München 1976.

Theobaldy, Jürgen: Begrenzte Weiten. Amerika-Bilder in der westdeutschen Lyrik. In: Akzente 22. 1976. H. 5. S. 402–417.

Theobaldy, Jürgen: Literaturkritik, astrologisch. Zu Jörg Drews Aufsatz über Selbsterfahrung und Neue Subjektivität in der Lyrik. In: Akzente 24. 1977. H. 2. S. 188–191.

Theobaldy, Jürgen: Bevor die Musik vorbei ist. In: Literaturmagazin 15. Die Aufwertung der Peripherie. Hg. von Martin Lüdke und Delf Schmidt. Reinbek 1985. S. 10–21.

Thomas, R. Hinton u. Keith Bullivant: Literatur und Subkultur. In: Dies.: Westdeutsche Literatur der sechziger Jahre. München 1975. S. 188–217.

Tilburg, Jutta von: Literatur des neuen Realismus. In: Rheinische Nachrichten 18. 10. 1966.

Urbe, Burglind: Lyrik, Fotografie und Massenkultur bei Rolf Dieter Brinkmann. Frankfurt, Bern, New York 1985.

Viebahn, Fred: Wer weiß da mehr? / Who can say more? Übersetzt von A. Leslie Willson. In: Dimension 8. 1975. No. 3. S. 382–387.

Vormweg, Heinrich: Zwischen Realismus und Groteske. In: Dieter Lattmann (Hg.): Die Literatur der Bundesrepublik Deutschland. München und Zürich 1973. S. 309–321.

Vormweg, Heinrich: Rolf Dieter Brinkmanns 40. Geburtstag. In: Oldenburgische Volkszeitung 26. 4. 1980.

Walser, Martin: Über die Neueste Stimmung im Westen. In: Hans Magnus Enzensberger (Hg.): Kursbuch 20. Über ästhetische Fragen. Frankfurt. 1970. S. 19–42.

Wapneski, Peter: Gedichte sind genaue From. In: Die Zeit 26. 1. 1977.

Wellershoff, Dieter: Destruktion als Befreiungsversuch. Über Rolf Dieter Brinkmann. In: Akzente 23. 1976. H. 3. S. 277–286.

Wellershoff, Dieter: Alleinsein ist wie ein Gas, das ausströmt. In: Kölner Stadt-Anzeiger 26./27. 4. 1975.

Wellershoff, Dieter: Einige notwendige Bemerkungen über Phantasie. In: Akzente 23. 1976. H. 5. S. 475.

Willson, A. Leslie: Perspektive. Vehement, Energetic, Intensive, Gentle. In: Dimension 8. 1975. No. 3. S. 374–375.

Wondratschek, Wolf: Er war too much für Euch, Leute. In: Die Zeit 13. 6. 1975.

Zeller, Michael: Apoll ist tot. Ein Apollo-Programm für Lyrik. In: Ders.: Gedichte haben Zeit. Aufriß einer zeitgenössischen Poetik. Stuttgart 1982. S. 197–245.

Zeller, Michael: Die Zärtlichkeit der Gewalt. Zehn Anmerkungen zu Rolf Dieter Brinkmann. In Ders.: Aufbrüche. Abschiede. Studien zur deutschen Literatur seit 1968. Stuttgart 1979. S. 47–59.

Zimmer, Dieter E.: Dichter auf windigen Wegen. In: Die Zeit 25. 7. 1975.

Anonym: Rolf Dieter Brinkmann. In: Frankfurter Allgemeine Zeitung 26. 4. 1975.

Anonym: Tod à la Andy Warhol. In: Die Welt 26. 4. 1975.

Anonym: Brinkmann führt Bestenliste. In: Frankfurter Rundschau 21. 6. 1975.

Zu einzelnen Werken

Ihr nennt es Sprache

Jappe, Georg: Ihr nennt es Sprache. In: Die Zeit vom 23. 3. 1979.

Le Chant du Monde

Mennemeier, Franz Norbert: Lyrik de luxe aus Runenmund und Bierschaum. In: Neues Rheinland. April / Mai 1966. S. 41.
Rothe, Wolfgang: Keine Hymne mehr. In: Frankfurter Allgemeine Zeitung 1. 7. 1978.

Die Umarmung

Baier, Lothar: Die Umarmung. In: Bücherkommentare 15. 6. 1965.
Blöcker, Günter: Lauerprosa. In: Frankfurter Allgemeine Zeitung 7. 8. 1965.
Gsteiger, Manfred: Gegen die Illusion vom einfachen Leben. In: Neue Zürcher Zeitung 26. 7. 1965.
Kramberg, K. H.: Geringes Gefälle. In: Süddeutsche Zeitung 14. 8. 1965.
Raeber, Kuno: Ekel mit viel Vergnügen. In: Münchner Merkur 28. 8. 1965.
Reich-Ranicki, Marcel: Übungsstücke eines Talents. In: Die Zeit 7. 5. 1965.
Schiele, Alfons: Die Prosa-Experimente tragen Früchte. In: Schwäbische Zeitung 11. 11. 1965.
Vormweg, Heinrich: Ekel, Angst und Brutalität sachlich beschrieben. In: Die Welt der Literatur 27. 5. 1965.
Wiest, Rolf: Die Spiegelungen des kleinen Augenblicks. In: Kölner Stadt-Anzeiger 5. 6. 1965.
Wohmann, Gabriele: Momentsplitter. In: Zeitwende 37. 1966. H. 5. S. 343–344.

Raupenbahn

Behring, Klaus: Experimente in der Raupenbahn. In: Generalanzeiger 17. 12. 1967.

Blöcker, Günter: Realismus der wachen Ohnmacht. In: Frankfurter Allgemeine Zeitung 16. 7. 1966.

Gregor-Dellin, Martin: Landschaft mit Figuren. In: Die Zeit 15. 7. 1966.

Kramberg, K.H.: Aus der Voyeurperspektive. In: Süddeutsche Zeitung 28. 1. 1967.

Miehe, Ulf: Maschinengeschrieben. In: Der Tagesspiegel 5. 6. 1966.

Nedomansky, Herbert: Erzähle mir alles . . . In: Die Presse 1. 10. 1966.

Schiele, Alfons: Brinkmanns gut beschnittene Schreibbänder. In: Schwäbische Zeitung 4. 10. 1966.

Schmitz, Karl: Raupenbahn. In: Die Bücherkommentare 15. 6. 1966.

Wisotzky, Manuil: Neuer Realismus. Leserbrief. In: Westdeutsche Allgemeine Zeitung 12. 11. 1966.

Was fraglich ist wofür

Bohrer, Karl Heinz: Was alles fraglich ist. In: Frankfurter Allgemeine Zeitung. 11. 11. 1967

Krolow, Karl: Zeitgenössische Lyrik kurz rezensiert. In: Deutsches Allgemeines Sonntagsblatt 19. 11. 1967.

Leier, Manfred: Nun geht Luna wieder auf. In: Die Welt der Literatur 1. 2. 1968.

Mennemeier, Franz Norbert: Die Anti-Gedichte des Rolf Dieter Brinkmann. In: Neues Rheinland. Februar / März 1968.

Muschter, Christiane: Lyrische Streifzüge. Vor sich hingesprochen. In: National-Zeitung 3. 8. 1968.

Ross, Werner: Lyrische Stile 1968. In: Merkur 22. 1968. H. 242. S. 542–559.

Salzinger, Helmut: Uneins mit sich selbst. In: Der Tagesspiegel 17. 3. 1968.

Keiner weiß mehr

Arnold, Heinz Ludwig: Roman einer Ehe. In: Deutsches Allgemeines Sonntagsblatt 18. 8. 1968.

Bien, Günter: Verwilderte Romane als Aktionen der Befreiung. In: Rheinische Post 8. 6. 1968.

Bleisch, Ernst Günter: Kölnisch Abwasser nicht für Junge und kaum für Erwachsene. In: Münchner Merkur 15. 6. 1968.

Blöcker, Günter: Dem Leben preisgegeben. In: Süddeutsche Zeitung 22. 5. 1968.

Bock, Hans Bertram: Anatomie einer Ehe. In: Abendzeitung 10. 5. 1968.

Bohrer, Karl Heinz: Neue panische Welt. In: Frankfurter Allgemeine Zeitung 4. 5. 1968.

Fuchs, Gerd: Ehe zu zweit. In: Der Spiegel 17. 6. 1968.

Hehl, Werner: Der Mensch als Drüsentier. In: Stuttgarter Nachrichten 3. 8. 1968.

Jenny, Urs: So wenig jung. In: Die Weltwoche 21. 6. 1968.

Karow, Willi: Das unmittelbar Erfahrene. In: Badische Zeitung 10. 8. 1968.

Lenz, Michael: Der wunde Punkt. In: Westdeutsche Allgemeine Zeitung 5. 10. 1968.

Mennemeier, Franz Norbert: Drei poetische Transzendentalisten. (Handke, Becker, Brinkmann) In: Neues Rheinland. August / September 1968.

Piwitt, Hermann Peter: Pop. Protest, Sex, Vitalismus. In: Der Monat 20. 1968. H. 242. S. 72.

Raus, Michael: Einer weiß zuviel. In: d'Letzeburger Land 24. 5. 1968.

Rehder, Mathes: Die Einsamkeit zu zweit. In: Hamburger Abendblatt 6. 9. 1968.

Reich-Ranicki, Marcel: Außerordentlich (und) obszön. In: Die Zeit 26. 4. 1968.

Sager, Peter: Rolf Dieter Brinkmann: Keiner weiß mehr. In: Neue Deutsche Hefte 15. 1968. H. 3. S. 157–164.

Salzinger, Helmut: Oswalt Kolle für Literaten. In: Frankfurter Rundschau 24. 8. 1968.

Schaub, Martin: Mit sich selbst fertig werden. In: Tages-Anzeiger 19. 1968.

Schmitt-Rost, Hans: Neuer Brutalismus. In: Kölnische Rundschau 11. 12. 1968.

Schloßberg, Peter: Keiner weiß mehr. In: Die Wahrheit 26. 7. 1968.

Schulze-Reimpell, Werner: Kampfplatz Ehe. In: Christ und Welt 5. 4. 1968.

Viehbahn, Fred: Flimmern im Kopf. In: Kölner Stadt-Anzeiger 23. 3. 1968.

Ders.: Der Alltag marschiert in der Uniform des Gleichtrotts. In: Kölner Stadt-Anzeiger 28. 3. 1968.

Vormweg, Heinrich: Ein Realismus, der über sich hinaus will. In: Merkur 22. 1968. H. 243. S. 660–662.

Voss, Henner: Der Schwindel vom Schock: In: General-Anzeiger (Remscheid) 28. 6. 1968.

Wallmann, Jürgen Peter: Einsamkeit zu zweit. In: Echo der Zeit 28. 7. 1968. und: Die Tat 14. 4. 1968.

Weyr, Thomas: An Editor's Sampler. In American German Review 35. 1969. H. 4. S. 31–33.

Wiegand, Wilfried: Bilder, die ohne Bedeutung bleiben. In: Die Welt der Literatur 11. 4. 1968.

Wiemer, Rudolf Otto: Keiner weiß mehr? In: Zeitwende 39. 1968. S. 563–564.

Willner, Ernst: Ist das der Alltag von heute? In: Kärntner Tageszeitung 21. 2. 1969.

Witsch, Uwe: Schwieriges Leben zu zweit. In: Rheinische Post 15. 1. 1969.

Anonym: So im Gange. In: Der Spiegel 17. 6. 1968.

Die Piloten

Asche, Gerhart: Chefpilot der Pop-Lyrik. In: Bremer Nachrichten 13. 12. 1968.

Bohrer, Karl Heinz: Dem Teufel folgt Beelzebub. In: Frankfurter Allgemeine Zeitung 15. 10. 1968.

Buschmann, Christel: Gegen feinsinnigen Hokuspokus. In: Die Zeit 6. 6. 1969.

Haas, Helmuth de: Bonnie & Clyde und die Marmeladenindustrie. In: Die Welt der Literatur 5. 12. 1968.

Just, Gottfried: Kino-Start der Piloten. In: Süddeutsche Zeitung 15. 3. 1969.

Krolow, Karl: Gedichte sind wie Soft-Eis. In: Badische Zeitung 19. 11. 1968. und: Die Tat 7. 12. 1968.

Mennemeier, Franz Norbert: Pilotenverse und lyrisches Panoptikum. In: Neues Rheinland Februar / März 1969. H. 66.

Piontek, Heinz: Antilyrische Schnappschüsse. In: Zeitwende 40. 1969. H. 6.

Reichart, Wilfried: Auf lyrischem Fluge mit Batman und Mao. In: Kölner Stadt-Anzeiger 19. 9. 1968.

Salzinger, Helmut: Pop mit Ra-ta-ta-ta. In: Der Tagesspiegel 23. 2. 1969.

Schumann, Jochen: Avas Fuß wird zum Alptraum. In: Westdeutsche Allgemeine Zeitung 22. 3. 1969.

Schulze-Reimpell, Werner: Mittags bei Coca-Cola. In: Christ und Welt 29. 11. 1968.

Wolf, Ursula: Jeder ein Pilot. In: Publik 11. 4. 1969.

Anonym: Billige Plätze. In: Der Spiegel 11. 11. 1968.

Gras

Bulkowski, Hans Jürgen: Lyrik in wirklichen Wolken. In: Neue Ruhr-Zeitung 28. 9. 1970.

Engel, Peter: Zwischen Subversion und Kitsch. In: General-Anzeiger (Bonn) 31. 7. 1970.

Karsunke, Yaak: Ins Gras gebissen. In: Frankfurter Rundschau 27. 6. 1970.

Krolow, Karl: Variationen der Lyrik. In: Deutsches Allgemeines Sonntagsblatt 26. 7. 1970.

Rösner, Helmut: Protest, Provokation und Pop. In: Leserzeitschrift. Stadtbibliothek Bremen 11. 1970. H. 4.

Schreiber, Matthias: Schweiß rinnt nach innen. In: Kölner Stadt-Anzeiger 3. 10. 1970.

Vormweg, Heinrich: Wahrnehmungstrainig. In: Merkur 24. 1970. H. 269. S. 887–890.

Wallmann, Jürgen Peter: Jedermann-Gedichte. In: Nürnberger Nachrichten 6. 1. 1971. und: Rheinische Post 27. 2. 1971 und: Die Tat 3. 4. 1971.

Westwärts 1&2

Bachmann, Dieter: Der Dichter als Minenleger. In: Die Weltwoche 13. 8. 1975.

Bekes, Peter: Lyrik aus Gelegenheit. Zu einer Unterrichtsreihe über neue Alltagslyrik, dargestellt an R. D. Brinkmanns Gedicht »Einen jener klassischen schwarzen Tangos...«. In: Praxis Deutsch 46. 1981. H. 3. S. 49–51.

Bosch, Manfred: Subjekt, Scene und Pop. In: Die Tat 27. 9. 1975.

Buch, Hans Christoph: Hanf um einen kaputten Wasserhahn. In: Süddeutsche Zeitung 14. 5. 1975. Auch in: Der.: Das Hervortreten des Ichs aus den Wörtern. Aufsätze zur Literatur. München und Wien 1978. S. 150–155.

Frey, Jürgen: Die Sehnsucht nach wortloseren Zuständen. In: Badische Zeitung 9. 8. 1975.

Hamburger, Michael: Maximum Vibrations. In: Times Literary Supplement 6. 6. 1975.

Hartung, Harald: Notizen zu neuen Gedichtbänden. In: Neue Rundschau 8. 1975. H. 3. S. 502–512.

Hügel, Hans-Otto: Rolf Dieter Brinkmann. Die Orangensaftmaschine. In: Peter Bekes u.a.: Deutsche Gegenwartslyrik von Biermann bis Zahl. Interpretationen. München 1982.

Kersten, Paul: Lungernde Typen, die warten, was passiert. Der letzte Gedichtband von Rolf Dieter Brinkmann kam jetzt auf den Markt. In: Stern 19. 6. 1975.

Krolow, Karl: Deutsch bald eine tote Sprache? In: Darmstädter Echo 6. 8. 1975.

Ders: Songs auf deutsch zu dichten. In: Der Tagesspiegel 4. 5. 1975.

Mennemeier, Franz Norbert: Ein Poet der Rock-Generation. In: Neues Rheinland. August 1975. H. 8. S. 35.

Rehbiersch, Philipp: Vitale Lyrik. In: Neues Rheinland 18. Juni. H. 6.

Ross, Werner: Der neue Realismus in der Lyrik. In: Merkur 29. 1975. H. 329. S. 970–979.

Schlaffer, Hannelore: Antiker Form sich nähernd. Rolf Dieter Brinkmanns Hymne auf einen italienischen Platz. In: Neue Rundschau 97. 1986. H. 1. S. 41–48.

Schmitz, A.: Weg ins Leere. In: Die Welt 15. 5. 1975.

Späth, Sibylle: »Das Gedicht besteht aus lauter Verneinungen«. Überlegungen zu Rolf Dieter Brinkmanns letztem Gedichtband »Westwärts 1&2«. In: Dieter Breuer (Hg.): Deutsche Lyrik nach 1945. Frankfurt 1988. S. 166–199.

Süss, Sigrid: Ein Fluß, auf dem alles treibt. In: Mannheimer Morgen 24. 5. 1975.

Theobaldy, Jürgen: Schreckensbilder aus Wörtern. In: Frankfurter Rundschau 24. 5. 1975.

Vogel, Magdalena: Rolf Dieter Brinkmanns letzte Gedichte. In: Tagesanzeiger (Zürich) 23. 1. 1976.

Wallmann, Jürgen Peter: Ein wüster, alltäglicher Alptraum. In: Die Tat 3. 10. 1975. Auch in: Neue Deutsche Hefte 22. 1975. S. 597–603.

Weinrich, Harald: Gedichte, wie eine Tür aufzumachen. In: Die Zeit 9. 5. 1975.

Zeller, Michael: Hyperion in der Vorstadt. In: Frankfurter Allgemeine Zeitung 16. 9. 1978.

Zenke, Thomas: Die Schrecken des gewöhnlichen Lebens. In: Frankfurter Allgemeine Zeitung 9. 8. 1975.

Rom, Blicke

Becker, Peter von: Das unerträgliche Gewicht der Welt. In: Süddeutsche Zeitung 10. 10. 1979.

Dittberner, Hugo: Anlauf zur großen Wut. In: Frankfurter Rundschau 10. 10. 1979.

Exner, Richard: Rolf Dieter Brinkmann: Rom, Blicke. In: World Literature Today. Winter 1981. S. 97.

Geyrhofer, Friedrich: Auge Gottes. Literatur mit der Kamera. In: Neues Forum. H. 311/312. 1979. S. 55–59.

Greiner, Ulrich: Da geht er, unbehaust, wild, grimmig, mit lässigem Auge. In: Frankfurter Allgemeine Zeitung 4. 12. 1979.

Helwig, Werner: Rolf Dieter Brinkmann: Rom, Blicke. In: Neue Deutsche Hefte. 1980. H. 1. S. 167–168.

Krolow, Karl: Kein Blatt vor den Mund. In: Der Tagesspiegel. 23. 9. 1979.

Michaelis, Rolf: Schwarze Wörter. In: Die Zeit 21. 9. 1979.

Piwitt, Hermann Peter: Rauschhafte Augenblicke. In: Der Spiegel 17. 9. 1979.

Riewoldt, Otto F.: Köln ist ein Schreckgespenst. In: Kölner Stadt-Anzeiger 14. 12. 1979.

Ders.: Ich bin für den einzelnen. Rolf Dieter Brinkmanns Rom-Buch, Dokument einer großen Krise. In: Vorwärts 17. 1. 1980.

Schlaffer, Hannelore: Der Einzige und die Anderen. Zur Sprache der Verachtung. In: Merkur. 37. 1983. S. 844–849.

Schmidt, Jürgen: Und es danach ganz genau beschreiben. In: Stuttgarter Zeitung 9. 10. 1979.

Zeller, Michael: Poesie und Progrom. Zu Rolf Dieter Brinkmanns nachgelassenem Reisetagebuch Rom, Blicke. In: Merkur 34. 1980. H. 383. S. 388–393.

Standphotos

Acker, Robert: Rolf Dieter Brinkmann. Standphotos. In: World Literature Today. Autumn 1981. S. 665.

Fink, Adolf: Irgendwie entfernen wir uns alle. Standphotos: Rolf Dieter

Brinkmanns Gedichte 1962–1970. In: Lesezeichen. Zeitschrift für neue Literatur. 1981. H. 2. S. 29–30.

Greiner, Ulrich: Als finge er immer von neuem an. Standphotos – Rolf Dieter Brinkmanns Gedichte 1962 bis 1970. In: Die Zeit 30. 1. 1981.

Heise, Hans-Jürgen: Einer nennt es Sprache. In: Rheinischer Merkur 5. 12. 1980.

Krättli, Anton: Ganz leer sein, um zu begreifen. Rolf Dieter Brinkmanns Gedichte aus den Siebziger Jahren. In: Neue Zürcher Zeitung 11./ 12. 4. 1981.

Krolow, Karl: Rolf Dieter Brinkmanns erstes lyrisches Jahrzehnt. In: Generalanzeiger (Bonn). 5. 12. 1980.

Ueding, Gert: Abziehbilder aus der Vorstadt. Rolf Dieter Brinkmanns Gedichte aus den Jahren 1962 bis 1970. In: Frankfurter Allgemeine Zeitung 8. 11. 1980.

Wallmann, Jürgen P.: Kunststoff-Mythen. In: Rheinische Post. 5. 2. 1981.

Zeller, Michael: Kleider der Geliebten. In: Kölner Stadt-Anzeiger 2. 12. 1980.

Der Film in Worten

Krättli, Anton: Film in Worten. In: Neue Zürcher Zeitung 24./25. 7. 1982.

Kreimeier, Klaus: Ich war durch Gaskammern voll Musik gezogen«. In: Frankfurter Rundschau 14. 8. 1982.

Stingelin, Martin: Die Sehnsucht nach wortloseren Zuständen. In: Basler Zeitung 14. 8. 1982.

Zeller, Michael: Früher Spreng-Satz. In: Nürnberger Nachrichten 20./ 21. 11. 1982.

Anonym: Böser Blick. In: Der Spiegel 28. 6. 1982.

Erzählungen

Schulz, Genia: Brandblasen der Seele. Zur frühen Prosa und späten Lyrik Rolf Dieter Brinkmanns. In: Merkur. 85. S. 1015–1020.

Erkundungen

Braun, Michael: Finsterer Alptraum Gegenwart. Aus dem Nachlaß von Rolf Dieter Brinkmann. In: Badische Zeitung 12./13. 12. 1987.

Groß, Thomas: «. . .jetzt, jetzt, jetzt, ad infinitum!« Zum neuen Materialienband aus dem Nachlaß von Rolf Dieter Brinkmann. In: Tageszeitung 10. 7. 1987.

Kohtes, Michael: »Wer bin ich, was?« In: der literat 15. 4. 1988.

Krolow, Karl: Widerstand mit Worten. Rolf Dieter Brinkmanns Nachlaß – Noch einmal ein wohlgelungener Auswahlband. In: Der Tagesspiegel 19. 7. 1987.

Lewerenz, Werner: Redundanz im Unendlichen. Zu Rolf Dieter Brinkmanns Nachlaßtexten. In: Kieler Nachrichten 20. 7. 1987.

Philippi, Klaus-Peter: Ohne Sinn wird die Kultur zur Müllkippe. Ein nachgelassenes Tagebuch von Rolf Dieter Brinkmann. In: Rheinischer Merkur 28. 8. 1987.

Piwitt, Hermann Peter: Die ganze Häßlichkeit der Welt bin ich. In: Der Spiegel 3. 8. 1987.

Durchs Gehirn gerannt. Leserbriefe zu Piwitt. In: Der Spiegel 24. 8. 1987.

Schirrmacher, Frank: Blick in ein Gehirnalbum. Nachgelassene Tagebücher Rolf Dieter Brinkmanns. In: Frankfurter Allgemeine Zeitung 25. 7. 1987.

Vogler, Heini: Wahnsinn der Wörter. Ein Kompendium von Notaten Rolf Dieter Brinkmanns. In: Neue Zürcher Zeitung. 25. 8. 1987.

Zeller, Michael: In den Haß emigriert. Ein Einsamer auf dem »Idiotenschlachtfeld«: Rolf Dieter Brinkmanns Tagebuch ist das Protokoll einer Selbstzerstörung. In: Die Zeit 28. 8. 1987.

Schnitte

Hennig, Hans Martin: Rasiermesser-Schnitte. Rolf Dieter Brinkmanns posthume Bild- & Text-Collage. In: Frankfurter Rundschau 11. 3. 1989.

Horstmann, Ulrich: Die Wirklichkeit als schäbige Kulisse. »Schnitte« aus Rolf Dieter Brinkmanns Nachlaß. In: Kölner Stadt-Anzeiger 3. 3. 1989.

Ploetz, Dagmar: Letzte Signale. Rolf Dieter Brinkmanns Collagen. In: Deutsche Volkszeitung 12. 5. 1989.

Anonym: Der Autor als Schnitter. In: Der Spiegel 24. 10. 1988.

Zu Beiträgen in Anthologien

Blöcker, Günter: Probierbühne für junge Talente. In: Frankfurter Allgemeine Zeitung 27. 9. 1962.

Fink, Humbert: Vorbild war der Schulaufsatz. In: Christ und Welt 20./21. 10. 1962.

Everwyn, Klas Ewert: Keine Vorzeichen. In: Rheinische Post 9. 3. 1963.

Krolow, Karl: Alterslose Straße. In: Süddeutsche Zeitung 15./16. 5. 1965.

Leier, Manfred: Brinkmann und die Gewalt. In: Die Welt 18. 7. 1971.

Schmidt, Jochen: So schlecht ist unsere Litertur denn doch nicht. In: Der Mittag 18. 5. 1963.

Segebrecht, Dietrich: Druck-Sachen gibt's! In: Frankfurter Allgemeine Zeitung 29. 3. 1966.

Anonym: Ein Tag in der Stadt. Rezension der Neuen Zürcher Zeitung. In: Die Kiepe 11. April 1963.

Zu den Anthologien und Übersetzungen

Baacke, Dieter: Zur Revolte des Untergrunds. In: Merkur 13. 1969. H. 258. S. 971–974.
Dencker, Klaus Peter: Bild der Gegenwart. In: Nürnberger Nachrichten 31. 3. 1971.
Heise, Hans Jürgen: Modischer Tourismus in das ausgedörrte Selbst. In: Rheinischer Merkur 30. 1. 1970.
Krolow, Karl: Angst, daß Genet nur Spaß macht. In: Die Tat 14. 6. 1969.
Ders.: Unter uns Lesern Nr. 215: Sei gemein zu mir. In: Darmstädter Echo 9. 2. 1970.
Mennemeier, Franz Norbert: Gedichte in Pop. Zu Editionen von Rolf Dieter Brinkmann. In: Neues Rheinland. März 1970. H. 3.
Nolte, Jost: Aufstand gegen die Grammatik? In: Die Welt. 8. 1. 1970.
Priessnitz, Reinhard: Meinetwegen, fuck you! In: Neues Forum. März 1970. S. 257–258.
Schober, Siegfried: Der Untergrund wird verramscht. In: Die Zeit 5. 12. 1969.

In Abkürzungen zitierte Literatur

K. w. m: Keiner weiß mehr. Roman. Reinbek 1970.
Ww: Westwärts 1&2. Reinbek 1975.
U. N: Ein unkontrolliertes Nachwort zu meinen Gedichten. In: Hermann Peter Piwitt u. Peter Rühmkorf (Hg.): Literaturmagazin 5. Reinbek 1976. S. 228–248.
R, B: Rom, Blicke. Reinbek 1979.
St: Standphotos. Reinbek 1980.
F.i.W: Der Film in Worten. Prosa. Erzählungen. Essays. Hörspiele. Fotos. Collagen. 1965–1974. Reinbek 1982.
Erz: Erzählungen. In der Grube. Die Bootsfahrt. Die Umarmung. Raupenbahn. Was unter die Dornen fiel. Reinbek 1985.
Erk: Erkundungen für die Präzisierung des *Gefühls* für einen Aufstand: Reise Zeit Magazin (Tagebuch). Reinbek 1987.
Sch: Schnitte. Reinbek 1988.

Benn, Gottfried: Gesammelte Werke. Hg. von Dieter Wellershoff. Bd. 1. Gedichte. Bd. 8. Autobiographische Schriften. Wiesbaden 1960.
Born, Nicolas: Die Welt der Maschine. Aufsätze und Reden. Reinbek 1980.
Brecht, Bertolt: Gesammelte Werke. Bd. 9. Gedichte 2. Frankfurt 1967.

Canetti, Elias: Tagebuch schreiben. In: Sprache im technischen Zeitalter 93. 1985. S. 85.

Freud, Sigmund: Die Traumdeutung. Studienausgabe. Bd. II. Hg. von Alexander Mitscherlich u.a. Frankfurt 1972.

Goethe, Johann Wolfgang: Italienische Reise I. u. II. Tagebuch der Italienischen Reise 1786. Hg. von Christoph Michel. Frankfurt 1976.

Howard, Richard: Alone with Amerika. The Art of Poetry in the United States since 1950. London 1970.

Korzybski, Manhood of Humanity. Lakeville, Connecticut 1949.

Mc Luhan, Marshall: Die magischen Kanäle. Düsseldorf. Wien 1968.

Luhmann, Niklas: Die Autopoiesis des Bewußtseins. In: Alois Hahn und Volker Kapp (Hg.): Selbstthematisierung und Selbstzeugnis: Bekenntnis und Geständnis. Frankfurt 1987. S. 25–95.

Mauthner, Fritz: Beiträge zu einer Kritik der Sprache. Bd. 1. Zur Sprache und zur Psychologie. 3. um Zusätze vermehrte Auflage. Leipzig 1932.

Piwitt, Hermann Peter: Deutschland. Versuch einer Heimkehr. Reinbek 1983.

Rühmkorf, Peter: Die Jahre die Ihr kennt. Anfälle und Erinnerungen. Reinbek 1972.

Schneider, Manfred: Die erkaltete Herzensschrift. Der autobiographische Text im 20. Jahrhundert. München, Wien, 1986.

Sammlung Metzler

J. B. Metzler

Printed in the United States
By Bookmasters